DU MÊME AUTEUR

Aucune bête au monde, La Pensée moderne, 1956.
Piste sans fin, La Pensée moderne, 1956.
Contre-Guérilla, 1957.
Pour une parcelle de gloire, Plon 1975.
De la brousse à la jungle, Hachette-Carrère, 1994.
Ma guerre d'Indochine/Album, Hachette-Carrère, 1994.
Ma guerre d'Algérie/Album, Hachette-Carrère, 1995.
France, réveille-toi, Éditions N° 1, 1997.
Pour une parcelle de gloire, réédition, Éditions N° 1, 1997.
Lettres d'Indochine. Tome 1, Éditions N° 1, 1998.
Lettres d'Indochine. Tome 2, Éditions N° 1, 1999.
Le siècle des héros, Éditions N° 1, 2000.
J'ai mal à la France, Éditions du Polygone, 2001.
Crier ma vérité, Éditions du Rocher, 2002.
Ma guerre d'Algérie, réédition, Éditions du Rocher, 2003.
Ma guerre d'Indochine, réédition, Éditions du Rocher, 2004.
Paroles d'Indochine, Éditions du Rocher, 2004.

Général Bigeard

ADIEU MA FRANCE

ÉDITIONS DU ROCHER

ISBN 2 268 05696 1

Aux paras
aux coloniaux
aux anciens appelés,
ma seconde famille.

À tous ceux qui m'ont tant aidé
pendant ce long parcours de guerre :
nos merveilleux aviateurs
et nos solides artilleurs.

PROLOGUE

Pourquoi ce livre ?

Être et durer : telle est ma devise.

Cette année, j'ai 90 ans. Déjà, 90 ans ! Je n'ai pas vu le temps passer.

Les fois où je me suis trouvé à deux doigts de la mort, je n'ai jamais pensé que je serais encore là aujourd'hui et que j'écrirai toujours.

Mais pourquoi ce quinzième livre ?

Parce qu'il est temps de faire le bilan. Le bilan de ma vie et le bilan de la France aussi, de cette France que j'ai connue dans toute sa grandeur et que j'ai vue décliner au fil des décennies comme une flamme qui s'étiole.

J'ai vécu l'héritage de la Première Guerre mondiale, puisque je suis né en 1916. Puis j'ai participé activement à la Seconde et aux guerres coloniales… vingt ans de guerre en tout. Trente-trois ans de sauts en parachute, cinq blessures, deux captivités. Officier le plus décoré de France, Grand-Croix de la Légion d'honneur, secrétaire d'État à la Défense, député pendant dix ans, président de la commission de la Défense à l'Assemblée nationale de 1978 à 1981, des centaines de milliers de kilomètres dans les jambes… Pourtant, le bilan que je souhaite dresser au soir de ma vie, à travers ces pages, n'a rien d'un recueil de souvenirs.

Au fil de mes quatorze autres livres, j'ai raconté les nombreuses péripéties que j'ai pu traverser dans ma longue existence entièrement consacrée à la défense de Madame la France.

Mais dans cet ouvrage, c'est tout autre chose que je souhaite dire.

Depuis ma Lorraine natale, depuis Toul où j'ai vu le jour et où je les terminerai, j'écris ces lignes pour tenter, une dernière fois, de secouer mon pays que j'ai servi avec amour, cette France qui a été la colonne vertébrale de tout mon parcours, cette France que je ne reconnais plus et qui, en près d'un siècle, a vécu tant de bouleversements.

Bien sûr elle a connu de nombreux changements techniques, heureusement. Il faut vivre avec le progrès. Mais aussi des changements profonds aux plans politiques, économique, social et moral surtout.

Aujourd'hui, rares sont ceux prêts à tout donner sans rien demander, comme le faisaient les hommes que j'ai commandés. Ceux qui sont dans cet état d'esprit, et heureusement il en reste, passent pour être des naïfs, des idéalistes d'un autre temps. Ce qui m'inquiète, de nos jours, ce qui m'obsède presque, c'est le pourrissement moral d'un pays où toutes les valeurs fichent le camp : plus aucun idéal, la notion de patrie a disparu ou est présentée comme dépassée, ringarde. Plus aucun souci de la grandeur de la France, goût de l'effort dévalué et découragé sur tous les plans, perte du respect dû aux anciens, formation civique délabrée et inconsistante, quand elle existe… et tant d'autres constats douloureux.

Je suis d'un autre temps, c'est vrai. À l'école, quand j'usais mes fonds de culotte à la communale, avec des instituteurs qui méritaient vraiment leur surnom de « hussards noirs de la République », on m'apprenait que mourir pour la patrie était un devoir. Combien de jeunes actuellement sont capables d'entendre ce type de discours et, surtout, de le comprendre ?

Peu, je le crains.

Alors que, quand on observe d'autres grandes nations, les États-Unis par exemple, servir son pays est une fierté. Brandir son drapeau, l'accrocher à sa fenêtre, est un orgueil.

Aussi, avec ce livre, je souhaite pousser un dernier coup de gueule. Bien sûr, j'entends déjà les commentaires. Bigeard le râleur, Bigeard jamais content, Bigeard qui voudrait toujours que tout soit parfait.

Je suis comme ça, c'est vrai. Mais ce trait de caractère s'appelle l'exigence et le respect. Respect de soi, respect des autres, respect des valeurs autour desquelles une grande nation comme la France s'est construite, siècle après siècle.

Ce coup de gueule, je peux d'autant plus l'exprimer au nom de beaucoup d'entre nous que le courrier me le demande. Les milliers de lettres que je reçois chaque mois disent le ras-le-bol des Français, le ras-le-bol mais surtout, le désespoir.

Les Français sont perdus, désorientés. Dans un monde en profonde mutation, confrontés à des changements radicaux, nos compatriotes se demandent, tout simplement, où nous allons. Dans une France plus que jamais à la recherche de sa grandeur et de sa vérité, dans une France qui s'interroge, les Français ont besoin d'être pris par le cœur et par les tripes, par un homme qui saura leur redonner confiance et espoir, qui saura leur rendre leur fierté, leur combativité.

Cet homme providentiel doit être, comme le général de Gaulle l'a été, un homme responsable et respectueux des libertés, un homme qui saura quitter la scène le moment venu, de lui-même, une fois sa mission accomplie.

Ce ne doit pas être un marchand d'illusions, un démagogue, qui serait avant tout un professionnel de la politique. Non. Il nous faut un homme qui ait le sens du sacrifice, qui sache oublier l'esprit de carrière au seul profit du pays. Cette question, comme bien d'autres, je l'aborderai plus en détail dans les pages qui vont suivre.

Dans ce prologue, je souhaite déjà esquisser deux thèmes qui me tiennent à cœur, que je développerai largement plus loin, et qui me semblent essentiels; l'un en politique intérieure, l'autre en politique étrangère.

Le premier sujet, c'est le clivage droite gauche dans notre vie publique.

En politique, je n'ai pas d'ennemi: nous sommes tous, avant tout, des Français. Et nous devons tout faire, tous ensemble pour redresser la barre.

Hélas, l'ambiance actuelle, avec ses affaires, ses luttes de clans, ses combats de chefs si nuisibles, à gauche comme à droite, n'est pas faite pour me donner beaucoup d'espoir. Et pourtant, comment les dirigeants de la droite, qui à force de se déchirer ont fait perdre à leur camp les élections présidentielles de 1981 et de 1988, peuvent-ils poursuivre dans cette voie qui ne mène qu'à l'échec assuré?

Je sais par expérience qu'il y a à gauche aussi des hommes bien. Je ne suis pas sectaire, je ne m'intéresse pas à l'étiquette partisane de ceux qui nous gouvernent. Il faudrait pouvoir réunir le meilleur de chacun.

Juste à titre d'exemple, quand Chevènement a voulu réintroduire l'instruction civique à l'école et l'enseignement de *La Marseillaise* dans les salles de classe, j'ai dit bravo. Il fallait oser, à notre époque ! Surtout de la part d'un homme de gauche. Aujourd'hui, cela semble se concrétiser.

Le deuxième sujet que j'aborderai dans toutes ses dimensions, c'est la menace terroriste des intégristes musulmans. Cette menace pèse sur notre pays et, au-delà, sur toutes les démocraties, partout dans le monde. Avec ces fous de Dieu, aucun dialogue n'est possible : ce qu'ils représentent et ce que nous représentons n'est pas compatible.

En 1957 déjà, il y a donc maintenant presque un demi-siècle, j'écrivais : « *Le terrorisme ne se combat pas à visage découvert, à coups d'opérations dites de contrôle, de déploiement de forces aussi spectaculaires qu'inefficaces, de fouilles trop inopérantes parce que le fellagha, de par son organisation clandestine très noyautée, s'y soustrait aisément.* »

Aujourd'hui rien n'a changé. Le terrorisme islamique, ne l'oublions jamais, cherche à déstabiliser l'Occident, à le détruire au profit de conceptions totalitaires qu'il voudrait imposer par la force et par la terreur à toute la planète, y compris à l'Orient.

Dans ce livre, j'aimerais aussi raconter, pour la première fois, un aspect plus personnel de mon parcours, en rendant hommage aux femmes de ma vie, Gaby, mon épouse et Marie-France, notre fille.

Gaby, une Touloise elle aussi, épousée sous le soleil de Nice un beau jour de janvier 1942. Depuis, nous ne nous sommes plus quittés, même si, parfois, mes missions nous ont séparés temporairement. Gaby mon équilibre, mon repère, ma boussole a toujours été là quand il le fallait et elle continue de l'être, sachant dire les mots que j'attends dans les moments de doute. Et Marie-France, née pendant que je servais au Tonkin, Marie-France est toujours présente à mes côtés.

Gaby et Marie-France, ma famille, complétée par les paras et tous ceux qui ont combattu avec moi, ma seconde famille.

Cet ouvrage, le dernier, se veut un livre testament. Pour cela, je rappellerai les décennies de lutte, afin de faire mieux comprendre certaines données essentielles d'aujourd'hui.

Me voilà arrivé au soir de ma vie, fier de ce que je suis : un homme d'action, un homme de terrain et un homme du peuple. Sans le vouloir, je sais que je représente une certaine façon de penser que j'exprimerai ici, comme d'habitude, de manière franche et directe. Mon intégrité, les distances que j'ai toujours gardées vis-à-vis des « salons » parisiens et des magouilles du monde politico-financier, m'autorisent à parler haut et fort, à dire ce que voudraient exprimer de très nombreux Français.

C'est ce parler sans ronds de jambes, sans détours, qui a toujours été ma ligne de conduite. Voilà pourquoi, sans doute, aujourd'hui encore, je reçois tant de lettres, écrites par des personnes de tous les horizons sociaux et professionnels. Cette correspondance régulière me permet de garder le contact avec un monde qui évolue plus vite que jamais, de sentir battre le cœur de la France comme même un ministre ne peut le faire. Parce qu'il est, en quelque sorte, trop coupé du monde réel, de ce que l'on appelle depuis peu, avec un certain mépris d'ailleurs, « la France d'en bas ».

On le sait, je suis partisan des contacts francs, sans perte de temps. Et mes longues années passées sur tous les champs de bataille où l'armée française était engagée, m'ont appris une chose essentielle : un homme se juge d'abord et avant tout par la valeur de son comportement quotidien, par sa capacité à l'effort et au dépassement de lui-même.

Ayant connu un monde bien éloigné du nôtre, un monde où les conditions de vie et de travail étaient rudes et presque inimaginables au regard de nos critères actuels, je peux me permettre de parler en connaissance de cause. Je n'ai pas été « intoxiqué » par les progrès du XXe siècle, ni contaminé par la diffusion des idées pernicieuses du laxisme généralisé, de la société de consommation et du « tout média ».

En 1968 je n'étais pas à Nanterre, à la Sorbonne ou sur les barricades de la rue Gay-Lussac. Je ne défilais pas à Saint-Germain-des-Près, un pavé à la main. Non ! Je servais la France en Afrique, humblement, fidèlement, à mon poste. Autant dire que je n'ai jamais vécu au rythme des débats intellectuels « parisianistes ». Ma mission, mes hommes, passaient avant tout. En cela je suis l'un des derniers témoins d'une époque pas si reculée dans le temps, mais très lointaine du point de vue des psychologies collectives et des valeurs fondatrices d'une société.

À cette époque, les Français gardaient un sens précis des réalités économiques et politiques. Ils avaient le flair, l'instinct qui les guidait beaucoup plus sûrement que les idéologies qui ont pris leur place, avant de s'effacer devant le règne du fric triomphant, celui de la réussite à tout prix ; au point d'oublier ce que sont la vie, la grandeur et la défense d'une nation.

Notre nation : la France. On l'aura compris, c'est en témoin qui se veut sans concession que j'aborde ce siècle qui commence, et dans lequel, je ne me reconnais plus. Oui, je reste étranger à ce nouvel environnement parce qu'il est trop radicalement différent des repères que l'on m'a donnés dans ma jeunesse, des exemples que l'on m'a transmis et de ceux que j'ai vécus.

Pour autant je me refuse à la démission. Je ne suis pas encore hors circuit, pas dépassé par les événements dont la signification m'échapperait. Non, je ne crois pas que le sens de l'actualité de la France ou du reste du monde m'échappe. Je pense être bien placé pour l'analyser en profondeur dans la mesure où j'ai le recul suffisant doublé de l'expérience des hommes. Ce recul fait souvent défaut à ceux qui ne vivent que pour le pouvoir, ce pouvoir en grande partie artificiel, ceux qui n'ont jamais été au contact de cette civilisation qui a construit toute ma formation morale.

Je suis sans arrêt sur la brèche et reste relié à toutes les sources d'information. Or elles sont nombreuses pour l'ancien secrétaire d'État à la Défense que j'ai été. Je rencontre très régulièrement des hommes de l'ombre, des agents des services secrets, des décideurs politiques et encore tout récemment, à son invitation, un ministre de premier plan, en exercice.

La plupart de ces décideurs politiques ne font que me décevoir : beaucoup d'entre eux m'inquiètent, chaque jour davantage, notamment sur les questions de sécurité. Avec leurs grandes théories, ils restent sourds aux rapports pourtant nombreux des Renseignements généraux comme à ceux de la DST. Ces rapports ne cessent de mettre en garde nos dirigeants contre la bombe à retardement qui couve dans nos banlieues, au sein d'une population en grande partie musulmane, dont une minorité est noyautée par des groupes fondamentalistes. Ceux-là ont décidé de préférer la délinquance, prélude au terrorisme, à l'assimilation, même progressive.

Oui, nos dirigeants m'inquiètent. Ils demeurent trop peu mobilisés devant les avertissements répétés de leurs services spéciaux et veulent ignorer le danger mortel qui nous guette. Ils s'agitent, font du « volume » pour tenter de nous rassurer. Mais leurs rodomontades ne me trompent pas.

Voilà pourquoi il faut porter ce sujet si alarmant sur la place publique et dans les médias, pour réveiller nos élites trop molles.

Il en va de notre sauvegarde, de notre survie.

À ces dirigeants qui naviguent à vue en suivant les courbes de leur cote de popularité, j'aimerais opposer mon expérience de combattant et de meneur d'hommes, apte à identifier les dangers qui nous guettent. Je voudrais, avec ce livre, contribuer à sortir le pays de sa torpeur avant qu'il ne soit trop tard.

Parce que je suis sûr des valeurs qui sont celles de ma France, parce que je garde toujours présent à l'esprit l'exemple de nos anciens, je continue d'espérer un sursaut salvateur !

Parce que j'ai su échapper à la pensée soporifique et destructrice qui est quotidiennement diffusée par tous les médias, je pense être de mon devoir de pousser ce cri d'alarme.

Aussi, à tous ceux que je rencontre quotidiennement et qui me font part de leur inquiétude, de leur désarroi, à tous ceux qui voudront bien me suivre au fil de ces lignes, dans ce passage en revue de la France, je propose de faire avec moi, à travers ces pages, « un pas, encore un pas ».

CHAPITRE I

Ma France

Pour débuter ce chapitre, j'aimerais en tracer d'abord les contours. Ces limites sont celles de mes repères d'enfant puis de jeune homme, celles de la France que j'ai connue en grandissant, avant-guerre. L'éducation que j'ai reçue m'a fait aimer ma France, la respecter et l'admirer aussi, cette France dont les valeurs m'ont été transmises par ma famille, par l'école et par mon entourage.

Ce témoignage de ce qu'était « Dame la France » pour un garçon de mon âge, à l'époque où j'ai reçu ma formation civique et morale, est absolument essentiel.

Pourquoi notre pays est-il menacé de déliquescence ? Qu'on se rassure, ce constat, qui pourrait paraître désabusé, n'est cependant pas synonyme d'acceptation d'un déclin qui semblerait irrémédiable. Au contraire. Il est un appel vibrant au redressement du pays, un cri d'alarme qui veut concourir à la résurrection d'une certaine France, celle qui possède encore en elle, j'en suis convaincu, des ressources suffisantes pour retrouver une grandeur largement oubliée.

La toute première caractéristique de ma France, la plus frappante, la plus évidente, la plus manifeste, était le fait qu'elle constituait un pays profondément unitaire. C'était la République « une et indivisible », selon l'expression qui figure dans le texte de notre Constitution.

À l'époque les Corses ne réclamaient pas leur autonomie, encore moins leur indépendance. Bien au contraire. La majorité d'entre eux en âge de travailler, ceux du moins qui n'étaient pas agriculteurs ou éleveurs, ne rêvaient que d'une chose : décrocher un emploi dans la fonction publique.

La fonction publique de l'État français fait partie intégrante de cet État prétendument oppresseur qui comble de subventions diverses l'île de Beauté. Cette République est bonne fille, elle qui ne poursuit pas trop violemment, c'est le moins qu'on puisse dire, ceux qui troublent l'ordre public par leurs attentats, leur racket, leur chantage et autres menaces.

La Corse était fière d'être française. Les souvenirs de l'épopée napoléonienne lui donnaient une place à part au sein de notre nation. Et aussi parce que la longue dépendance vis-à-vis de la République de Gênes était considérée par les Corses comme une période de colonisation.

Autant dire que, dans cette France-là, ce qu'on appelle aujourd'hui de manière pompeuse « les langues » locales ou régionales, en fait de purs et simples patois, n'avaient pas la cote.

Un Breton, un Corse, un Alsacien, un Provençal, un Catalan ou un Basque qui parlait français était considéré comme quelqu'un qui avait su évoluer et s'intégrer à la nation. Et ceux qui s'obstinaient à ne baragouiner que leur dialecte étaient tenus pour des incultes, des arriérés qui n'avaient pas encore accédé à la modernité ni à une citoyenneté pleine et entière, à une citoyenneté éclairée.

À l'époque, l'échelle des valeurs n'avait pas encore été inversée et l'on considérait le fait de parler français de manière usuelle comme une véritable promotion sociale et culturelle.

Aujourd'hui notre société considère qu'il est du dernier chic de s'exprimer dans des langues dont l'usage est devenu totalement artificiel, à l'exception de quelques doyens d'âge dont on peut comprendre l'attachement au passé. La France de 2006 semble avoir oublié ce qu'a été la construction progressive de notre pays, une œuvre de longue haleine, patiemment obtenue à force de luttes acharnées et d'efforts constants.

Par la conscription d'abord, puis par l'école obligatoire, la République a permis aux Français les moins favorisés culturellement de devenir des citoyens à part entière, d'un pays uni autour d'un langage commun, le français, puissant facteur d'identité nationale.

Ici on retourne vers les patois locaux en les érigeant en langues et, dans le même temps, on reproche aux immigrés de ne pas parler français, premier moyen d'intégration ! C'est un comble !

Ma France ne connaissait pas non plus la décentralisation, ce grand projet des dernières décennies. D'abord mise en œuvre par Gaston Defferre, qui ne faisait qu'appliquer le programme de Mitterrand, l'entreprise a été relancée par Raffarin, pour qui cette réforme est la plus importante de toutes celles qu'il a menées à bien au cours de ses trois années passées à Matignon.

Or en France la décentralisation est un leurre ; elle ne correspond à aucune réalité. Elle ne sert qu'à multiplier les charges publiques et les passe-droits pour lesquels s'étripent les potentats locaux.

Pourquoi cette décentralisation n'est-elle qu'un leurre ?

Parce que depuis l'instauration de la République, ce n'est pas la tradition de notre pays, ni le chemin qu'il a suivi. La tradition républicaine est celle d'une France unitaire et non pas d'un ensemble de régions où tout doit toujours se négocier avec le pouvoir central. Cette solution risquerait d'accentuer les discordes et les égoïsmes régionaux. Pourquoi pas, tant qu'on y est, rétablir les États provinciaux de l'Ancien Régime ?

En Allemagne, en Italie, la régionalisation, voire le fédéralisme ont leur raison d'être. Dans ces deux pays, la décentralisation, l'habitude d'une grande autonomie laissée aux régions, possède une légitimité historique incontestable. Tout simplement parce qu'il s'agit de pays qui ne se sont unifiés que très tardivement.

Ce n'est pas le cas en France où toute l'œuvre de nos rois, depuis les siècles les plus reculés, œuvre poursuivie par les dirigeants qui leur ont succédé, a au contraire tendu à faire de la France un État homogène dont les identités régionales devaient progressivement s'effacer devant un sentiment d'appartenance nationale. Ceci n'empêche pas les fiertés provinciales ; j'adore ma Lorraine et suis fier d'être lorrain, comme j'aime ma France que je défends avec tout l'amour que je lui porte.

Ma France, précisément, était un pays qui avait des frontières et la ferme volonté de les défendre. La libre circulation des personnes tendance Schengen n'était pas à l'ordre du jour. La frontière, c'était la limite de l'espace national. Au-delà, on savait qu'on n'était plus dans notre pays mais à l'étranger. Il y avait une différence essentielle alors entre le sol de la patrie et la terre étrangère. Aujourd'hui, avec la construction européenne telle qu'on nous l'impose, les frontières se sont effacées. Elles ne représentent plus rien pour les Français, sinon un obstacle désuet.

Et ces frontières, tous les Français étaient conscients qu'il fallait les défendre. Avec le dispositif d'ouvrages fortifiés qu'on a appelé la ligne Maginot, la France de l'entre-deux-guerres a su mobiliser des moyens colossaux pour dresser à l'est de notre pays, face à la menace allemande toujours renaissante, un bouclier protecteur, qui se voulait invincible.

Un bouclier qui se révélera illusoire, certes, en 1940, car il suffisait d'envahir la Belgique ou le Luxembourg voisins pour pénétrer en France, en contournant ce rempart qu'on présentait à l'époque comme une sorte de Grande Muraille de Chine. Mais enfin, la volonté y était et toute ma jeunesse a été bercée par les récits de cet ouvrage défensif exceptionnel pour l'époque, marquant les limites territoriales du pays, murailles qui devaient nous garantir de tout danger.

Ma France était aussi une grande puissance, à l'échelle mondiale, l'un de ces pays qu'on n'appelait pas encore les « super-grands », mais qui l'était. La France de cette époque faisait jeu égal avec les autres pays dirigeants de la planète : les États-Unis, pas alors aussi hégémoniques qu'ils le sont devenus depuis 1945, la Grande-Bretagne et peut-être, avec des nuances, l'URSS et l'Allemagne.

L'URSS connaissait des phases alternées de dictature absolue et d'anarchie totale. Elle était à genoux du point de vue économique. Seuls son territoire très étendu et sa population nombreuse en faisaient un partenaire avec lequel il fallait compter. L'Allemagne subissait l'isolement de sa défaite de 1918 ; seule sa puissance économique vite retrouvée en faisait un grand pays.

L'Allemagne, comme d'ailleurs l'URSS, ne possédait pas ce qui faisait la force des deux puissances européennes de tout premier ordre, la Grande-Bretagne et la France : un empire colonial.

Oui ma France, c'était aussi celle de l'Empire sur lequel le soleil ne se couchait jamais. Amérique, Afrique, Asie, Océanie : dans toutes ces parties du monde flottaient nos trois couleurs. Nous y étions présents grâce à nos possessions, parfois très importantes, surtout en Afrique.

Sur ce continent notre pays possédait bien sûr l'Algérie, mais aussi la Tunisie et le Maroc, à titre de protectorats et surtout les territoires de l'Afrique Noire : Afrique Occidentale Française, Afrique Équatoriale Française, Madagascar et l'île de la Réunion.

Ces dépendances d'outre-mer assuraient à la France un rang envié, une place incontestée de tout premier plan sur la scène internationale, qui compensait de beaucoup la faiblesse démographique de la métropole, saignée à blanc par la Grande Guerre. C'était l'un des secrets de notre puissance à l'échelle mondiale. Je ne tiens pas là un discours nostalgique sur l'époque coloniale, je veux simplement expliquer par quelles voies l'image de notre pays brillait sur tous les continents.

L'autre secret qui assurait à notre pays une prépondérance incontestée était d'un autre ordre et d'autant plus important qu'il représentait un symbole fort pour l'ensemble de la planète :

c'était notre rayonnement culturel, notre prééminence littéraire et artistique.

Dans ce domaine Paris constituait encore, pendant l'entre-deux-guerres, la capitale du monde. Les plus grands écrivains étaient français, tout comme les plus grands peintres ou les musiciens les plus renommés de la planète. Notre pays accueillait en outre des génies venus d'autres horizons, comme Picasso ou Chagall, pour ne citer que deux noms des plus célèbres dans leur discipline. Le français était considéré, de par le monde, comme la langue de l'intelligentsia. L'anglais ne l'avait pas supplanté, loin de là.

La langue de Molière était celle de tous les diplomates, de toutes les chancelleries, de tous les congrès internationaux. Toutes les élites, de l'Amérique latine à l'Europe centrale et orientale, possédaient le français de manière remarquable.

L'émigration russe, consécutive à la révolution de 1917, montrera d'ailleurs de façon frappante le prestige intact de notre langue dans ces lointaines contrées. Il y était inconcevable qu'un homme tant soit peu cultivé ne maîtrisât pas parfaitement notre idiome.

Oui, ma France était vraiment celle des poètes, des écrivains, des créateurs du monde.

Et ce qui se vérifiait dans le domaine artistique se confirmait aussi dans la sphère scientifique.

La recherche française tenait la tête de la technologie, soutenant très honorablement la comparaison avec les autres puissances mondiales dans ce domaine : les États-Unis bien sûr, mais aussi l'Angleterre et l'Allemagne qui, il faut le reconnaître, demeuraient des concurrents redoutables.

La recherche médicale française en particulier se taillait la meilleure place du monde, notre expérience coloniale nous donnant dans le traitement des maladies tropicales, par exemple, une avance incontestée. À l'époque, les différents Instituts Pasteur, sur la planète, se distinguaient, à la pointe de la recherche.

Ma France restait profondément rurale aussi, terrienne, agricole. Bien sûr, l'industrialisation massive du XIXe siècle avait fait son œuvre et l'exode des campagnes constituait déjà une réalité. Mais une réalité qui n'avait rien à voir avec celle qui verra le jour à partir des années cinquante, après le deuxième conflit mondial.

La France de cette époque n'avait pas encore connu la révolution des techniques agricoles. Elle restait dominée par de petites exploitations familiales qui vivifiaient les campagnes et assuraient un maillage serré du territoire. Il n'y avait pas alors de « désert français », de ces zones dépeuplées comme le sont aujourd'hui certaines régions du sud du Massif central. Elles tentent de coexister avec des centres urbains tentaculaires qui, comme des vampires, se nourrissent de l'énergie vitale de plusieurs départements.

Une véritable civilisation paysanne existait encore, fondée sur le cycle naturel des saisons et une solidarité familiale sans faille.

Je ne suis pas en train de glorifier le « retour à la terre » exalté par la Révolution nationale du maréchal Pétain, cette terre qui « ne ment pas ». Je veux simplement rappeler que la France d'alors relevait d'une autre civilisation que j'ai vu disparaître progressivement.

Dans cette France-là il n'y avait pas ces « cités », comme on dit aujourd'hui et les banlieues n'existaient que dans les plus grandes villes. L'urbanisme était moins agressif, moins oppressant, toujours relié au passé, à l'histoire.

La civilisation de l'automobile, qui verra le jour à partir des années cinquante, changera radicalement la donne.

Parce que la France demeurait un pays foncièrement rural, la religion y jouait un rôle qu'on n'a plus présent à l'esprit aujourd'hui.

Dans la paysannerie, la pratique religieuse restait la règle. Presque tous les enfants suivaient le catéchisme et l'histoire sainte la plus élémentaire était connue de tous, créant parmi les Français une homogénéité culturelle qui a fait long feu.

Un Français qui se serait converti à l'islam, à cette époque et dans ce contexte, aurait été considéré comme un illuminé, comme une personne ne jouissant plus de toutes ses facultés.

Bien sûr, l'immigration existait déjà mais, là encore, elle était limitée aux plus importants centres urbains ou aux régions qui pratiquaient la « monoculture industrielle » : charbonnages du Nord ou sidérurgie de l'Est. De plus, cette immigration provenait en grande majorité d'Europe, ou peu s'en faut. Belges, Polonais, Italiens, puis Espagnols, à partir des années trente, formaient le gros des contingents qui venaient rendre leur force de travail à notre économie.

L'immigration africaine, originaire du Maghreb ou de l'Afrique Noire, était presque inexistante. Aussi la question de l'intégration ne se posait-elle pas, ou alors très différemment, dans la mesure où ces immigrés européens étaient originaires d'une culture très proche de la nôtre.

Malgré l'importance du fait religieux, ma France était aussi un pays farouchement laïc, qui faisait une distinction fondamentale entre religion et politique, entre croyances d'ordre privé et citoyenneté.

Le pays, il est vrai, avait encore en mémoire les troubles des premières années du XXe siècle, quand la politique anticléricale des gouvernements de la IIIe République avait entraîné des incidents dramatiques qui firent de nombreux morts.

L'expérience de la Première Guerre mondiale avait permis de surmonter cette division ancestrale entre les « deux France », qui remontait en fait à la Révolution de 1789. La hiérarchie catholique n'avait pas ménagé sa peine pour soutenir le moral des combattants pendant les années de guerre. La paix revenue, la République mit beaucoup d'eau dans son vin sur ce chapitre. Elle cessa de persécuter l'Église par des mesures souvent mesquines et incomprises d'une grande partie des Français.

La loi de 1905, on le sait, avait abouti à la séparation des Églises et de l'État. Cependant, lorsque les trois départements d'Alsace-Lorraine revinrent dans le giron de la mère patrie, le gouvernement, très sagement, décida de ne pas y introduire cette réforme et de laisser en place la situation antérieure appelée « régime du concordat », qui faisait des ministres du culte des fonctionnaires de la République.

Ce que je souhaite mettre en lumière par cet exemple, c'est qu'un certain équilibre avait su être trouvé dans le domaine délicat de la relation entre l'Église et l'État, ménageant les intérêts et la sensibilité de tous.

Du point de vue économique, ma France était dure à la peine, âpre au labeur, un pays où le travail constituait une valeur sacrée, fondatrice de la société. C'était une nation qui voyait dans le travail la seule et unique source d'enrichissement et d'ascension sociale.

On économisait inlassablement, parfois jusqu'à l'excès même, afin que les enfants puissent connaître un sort meilleur que celui de leurs parents. On était fiers de l'effort et les fainéants étaient regardés comme des parasites qui profanaient les valeurs les plus essentielles. C'était une France qui pariait sur l'avenir, qui croyait au progrès, à l'amélioration progressive du sort du plus grand nombre.

Oui, j'ai connu et aimé cette société d'espérance fondée sur la lutte personnelle acharnée, génération après génération, où un sou était un sou. On n'y vivait pas au-dessus de ses moyens. On ignorait toutes les dérives du crédit à la consommation. C'était un peu le monde de *Goupi mains rouges*, pour évoquer un film de cette époque qui m'a marqué par son réalisme et sa finesse d'observation.

De ce point de vue-là aussi on peut considérer que ma France a disparu corps et biens.

Sur le plan politique également, ma France était tout autre que celle dans laquelle nous vivons actuellement. La situation était paradoxale, dans la mesure où la politique y était à la fois beaucoup plus absente qu'aujourd'hui de la vie quotidienne et en même temps beaucoup plus présente sous certains aspects.

Plus absente : on connaissait à peine le nom du président de la République qui n'avait aucun pouvoir et qui était oublié, sitôt son mandat achevé.

Quant aux « affaires », elles existaient déjà bien sûr, sous une autre forme : la tentation n'est pas née d'aujourd'hui. Mais ces magouilles intéressaient un nombre restreint de personnes, une minorité parisienne ou provinciale, en tout cas citadine, qui avait à cœur de se tenir informée des derniers ragots. Même les scandales les plus retentissants, comme l'affaire Stavisky par exemple, laissaient indifférente la grande majorité des Français. En même temps, la politique était particulièrement présente. Les affrontements d'idées et non pas d'hommes ou d'appareils, y étaient d'une violence qu'on a peine à imaginer aujourd'hui.

À l'époque, rappelons-le, la République n'était pas encore totalement affermie sur ses bases. La forme de gouvernement du pays, le type de régime, faisait encore l'objet de discussions passionnées.

Il subsistait à la Chambre des députés et au Sénat des parlementaires monarchistes et le principal mouvement de droite, l'Action française dirigée par Charles Maurras et Léon Daudet, militait ouvertement pour la restauration de la royauté au profit des princes de la maison d'Orléans. Cette organisation, plus que ce parti, l'Action française, jouissait à l'époque d'un crédit et d'une influence totalement oubliés aujourd'hui. Elle était le laboratoire d'idées de la droite française et toute la jeunesse estudiantine ou intellectuelle de droite y puisait ses références, ses mots d'ordre.

Les luttes idéologiques provoquaient souvent des duels ou des suicides. La presse politique trouvait son inspiration dans ce marigot nauséabond.

Les journaux de droite, *Gringoire* ou *L'Action française*, se distinguaient particulièrement par leurs outrances. La ligne générale de ces brûlots était celle d'un antisémitisme virulent, qui de nos jours entraînerait de très sévères condamnations pénales, mais qui semblait, à l'époque, aller de soi. Car alors existait vraiment un fossé infranchissable, du point de vue culturel autant que politique, entre droite et gauche.

De part et d'autre on pratiquait une sorte de terreur larvée, le Front populaire de 1936 répondant aux manifestations antiparlementaires de 1934.

Les « ligues », mouvements plus ou moins factieux de droite et d'extrême droite, des organisations secrètes fascisantes comme la Cagoule, certains mouvements d'anciens combattants de la Grande Guerre, ne faisaient pas mystère de leur souhait de renverser « la Gueuse », comme ils appelaient la République. Ils voulaient lui substituer un régime autoritaire de type mussolinien ou franquiste.

Voilà l'ambiance politique de la France dans laquelle j'ai grandi.

En traçant ces lignes je n'ai pas voulu porter un jugement mais simplement pratiquer un petit retour historique sur les mœurs de la société que j'ai connue.

Je ne voudrais pas évoquer ce début de XXe siècle sans rendre hommage aux anciens combattants de la guerre 1914-1918. Qu'ils me permettent de saluer leur mémoire ; je voudrais la placer au premier rang du souvenir.

Ma France, en effet, avait le patriotisme chevillé au corps. Ce sentiment, l'amour de son pays et le désir de le servir, était omniprésent et partagé par tous.

La France de l'entre-deux-guerres plaçait très haut dans la hiérarchie des valeurs le patriotisme, mot qui fait sourire aujourd'hui nombre de nos concitoyens, dont les plus jeunes.

On était fier d'appartenir à la nation française, celle qui avait fait la Révolution de 1789 et apporté la liberté au monde entier. On avait le culte de la France, culte entretenu aussi bien avant qu'après la Première Guerre mondiale.

Avant, car il fallait impérativement reconquérir l'Alsace-Lorraine, ces deux provinces orphelines arrachées par l'ogre teuton à la mère patrie.

Après, parce qu'on vénérait ceux qui avaient combattu pendant ce conflit d'un nouveau genre, le tout premier dans l'histoire à être aussi meurtrier et à engager un aussi grand nombre de belligérants.

J'ai donc été élevé dans le culte de ceux que l'on appelait les «poilus», ces combattants de la Grande Guerre qui étaient unanimement considérés comme des héros.

Quand on est enfant, puis adolescent, on a besoin de s'identifier, de se trouver des modèles qui permettent d'inscrire ses aspirations individuelles dans un cadre plus vaste. Une articulation entre son histoire personnelle et l'histoire du monde, étape essentielle dans le passage à l'âge adulte.

Aussi ai-je tenu, dans ce livre, à honorer ceux qui constituent «mon panthéon personnel», ceux qui m'ont servi de point de repère dans mes ambitions, mes rêves, mon itinéraire :

Le premier nom que je citerai est celui du maréchal Gallieni. Il est à la charnière de l'œuvre coloniale qui a tant contribué au prestige de la France et de la défense de la patrie aux heures du péril. Ses premières armes, il les fit sur le champ de bataille de Bazeilles, pendant la guerre franco-prussienne de 1870.

Par la suite il servit au Soudan, au Sénégal et au Tonkin. Sénégal et Tonkin, deux théâtres d'opération que j'ai bien connus.

Il devint surtout gouverneur général de Madagascar, entre 1896 et 1905. J'ai été amené à connaître les bâtiments qu'il a fait construire à Tananarive, lorsque je commandais les forces françaises de l'océan Indien.

Enfin, il fut gouverneur militaire de Paris en 1914, quand la Première Guerre mondiale éclata. Par son action il contribua, de manière décisive, à la victoire de la Marne, puis il termina sa carrière au poste de ministre de la Guerre, aux heures parmi les plus sombres du conflit, en 1915.

À la place suivante de ma liste de héros, il y a Clemenceau ; un homme politique, pas un militaire. Voilà qui en étonnera plus d'un. Ce serait mal me connaître de croire que je n'estime pas à sa juste valeur la contribution de certains politiciens à la grandeur de la France. À condition que les politiciens en question soient de vrais hommes d'État. Et c'était le cas de Clemenceau, le « Père la Victoire » comme on l'appelait.

Lui a su galvaniser toutes les énergies du pays pour nous rendre victorieux dans ce conflit qui a dominé toute ma jeunesse. Politicien chevronné, matois et retors, tacticien et calculateur, mais surtout sincère patriote, ce grand Français a largement prouvé ses qualités quand il a été nommé président du Conseil en novembre 1917, à un moment décisif.

Je citerai également, et bien sûr, le maréchal Foch, celui que Clemenceau a toujours soutenu de manière inconditionnelle, même lorsque les critiques contre lui auraient pu faire douter de la pertinence de ses choix stratégiques :

Chef d'état-major général en 1917, il repousse l'offensive allemande en Picardie et, nommé généralissime des armées alliées, conduit ces dernières à la victoire.

Il sera promu maréchal dès le mois d'août 1918, avant la fin du conflit. Il est d'ailleurs le seul officier français à avoir été fait à la fois maréchal de France, de Grande-Bretagne et de Pologne.

La construction européenne avant la lettre…

On ne peut évoquer sa mémoire sans lui associer celle d'un autre héros de la Grande Guerre, le maréchal Joffre. Un ancien, lui aussi, de la coloniale, ayant connu, comme Gallieni, le Tonkin, le Soudan et Madagascar.

Il était chef d'état-major général lors du déclenchement du conflit, poste qu'il cumulait avec celui de commandant des armées du Nord et du Nord-Est. C'est le héros de la bataille de la Marne, célèbre bataille qu'il a brillamment remportée après avoir su organiser, avec intelligence et efficacité, la retraite de nos troupes après les revers de 1914. Commandant en chef de toutes les armées françaises en décembre 1915, c'est lui qui dégage Verdun par l'offensive de la Somme en 1916. Surtout, en 1917, il obtiendra l'entrée en guerre des États-Unis aux côtés des Alliés. Une contribution décisive à la victoire.

Parmi les hommes de cette génération, une mention spéciale va au maréchal Lyautey, ce « royaliste qui donna un empire à la République », selon la formule consacrée.

Un grand de l'épopée coloniale, un très grand. Tonkin et Madagascar, là encore. Madagascar, où il sera l'adjoint direct de Gallieni. Mais c'est au Maroc, où il accédera à la responsabilité de résident général en 1912, qu'il donnera la pleine mesure de son talent.

Il a su y faire accueillir la France, dans le plein respect des valeurs locales, de l'identité et des traditions marocaines. Il reste pour moi le meilleur exemple d'une tentative réussie de coexistence harmonieuse et pacifiée avec l'islam. À côté de l'œuvre qu'il a accomplie là-bas, où son nom reste vénéré, son action comme ministre de la Guerre en 1916-1917 en deviendrait presque secondaire.

Dernier de ces héros de 1914-1918, et on comprendra pourquoi, le maréchal Pétain. Celui de Verdun, pas celui de Vichy. Le héros qui a su rendre espoir au pays quand tout semblait perdu. La preuve, après la défaite de 1940, c'est vers lui qu'on s'est tourné. Et là, il faut bien le dire, il n'a pas su se montrer à la hauteur de la tâche, il a fauté gravement, même si certains lui accordent bien des circonstances atténuantes.

Si je condamne son attitude, je trouve injuste et choquant néanmoins le sort qu'on lui a réservé après la guerre : procès et incarcération à l'île d'Yeu. Je n'oublie pas quel espoir il a sincèrement incarné après la débâcle. Espoir illusoire sans doute, mais qui enfin était celui de l'écrasante majorité des Français.

Comme on le disait en 1944-1945, le pays comptait alors 80 millions de Français : les 40 millions qui avaient acclamé Pétain, et les mêmes 40 millions qui célébraient de Gaulle.

Mon panthéon personnel n'est cependant pas exclusivement peuplé de héros de cette guerre mondiale qui a été la première du genre.

Ceux qui ont participé, brillamment, à la seconde édition de ce conflit y ont aussi leur place, à part entière.

La Deuxième Guerre mondiale, j'y ai pris part. Comme à la Résistance d'ailleurs. Pour cela, mon regard n'est pas le même que celui que je porte sur la Grande Guerre, mythique à mes yeux.

Le héros que je place avant tous les autres, c'est le maréchal Leclerc, l'un des premiers à avoir rejoint de Gaulle à Londres. Un vrai chef militaire, qui s'est couvert de gloire pendant tous les combats de la France Libre et bien sûr lors de la libération de Paris en 1944, à la tête de sa 2e Division Blindée.

J'admire en lui aussi le Commandant supérieur des Forces françaises en Indochine, dès 1945. Il aurait pu éviter, j'en suis sûr, l'escalade de la guerre dans ce territoire alors français. Dernière raison de mon respect pour lui : celle d'avoir été nommé, juste avant sa mort dans un accident d'avion, inspecteur des troupes françaises d'Afrique du Nord.

On le voit, son parcours a, en quelque sorte, posé les jalons de ma future carrière.

J'ai aussi une dette envers le maréchal Juin, un camarade de promotion de De Gaulle à Saint-Cyr.

Grièvement blessé en 1915 et adjoint de Lyautey au Maroc, il fait le lien, en quelque sorte, entre deux guerres, entre deux mondes, deux époques, deux générations.

Prisonnier en 1940, il remplace Weygand comme commandant en chef en Afrique du Nord après sa libération en 1941. Commandant les forces françaises en Tunisie, puis le corps expéditionnaire qui participe à la libération de l'Italie, il remporte la victoire du Garigliano, qui ouvre les portes de Rome.

Après la guerre, il sera résident général de France au Maroc, avant de diriger les forces du secteur Centre-Europe pour l'OTAN. Avec lui, on assiste vraiment au passage de relais.

La trajectoire du maréchal de Lattre de Tassigny est plus classique, mais lourde de symboles pour l'avenir. Elle n'en marque pas moins la grandeur de l'un des plus éminents chefs militaires français de sa génération.

Ayant rejoint Alger en 1943, il participe à la libération du territoire à la tête de la 1re Armée. Des rivages de Saint-Tropez aux bords du Rhin, il est un acteur essentiel de la campagne de France. Il poursuivra son offensive jusqu'au Danube et c'est lui qui reçoit à Berlin, au nom de notre pays, l'acte de capitulation des armées allemandes.

Lui aussi connaîtra l'Indochine, où il sera nommé haut-commissaire et commandant en chef en 1950. Il y rétablit la situation militaire et organise l'armée vietnamienne, mais meurt terrassé par la maladie en 1952.

Dernier que je citerai, et non des moindres pour autant, c'est bien sûr le général de Gaulle.

Je me bornerai ici uniquement à mentionner son nom, dans la mesure où on le retrouvera dans presque tous les chapitres qui vont suivre.

C'est bien sûr un monument non seulement de la guerre mais surtout de toute la vie politique française depuis 1945.

À ce jour, c'est le seul homme dont l'action a donné naissance, dans notre pays, à un parti se réclamant de ses idéaux.

Un parti qui a porté des noms variés : RPF, UNR, UDR, RPR… un parti qui s'est aujourd'hui fondu dans un grand ensemble de centre droit, l'UMP.

Mais on aborde là l'histoire contemporaine, l'évolution de notre pays depuis la fin de la dernière guerre, objet du chapitre qui suit.

CHAPITRE II

La France depuis 1945

C'est pendant ce demi-siècle, depuis la fin de la Seconde Guerre mondiale, qu'apparaissent les bouleversements de la société. Ces transformations vont s'installer insensiblement, d'année en année, et vont s'accélérer, pour aboutir à la disparition de ce que j'appelle «ma France». Un pays dans lequel je ne me reconnais plus.

Et c'est en quelques décennies que tout s'est joué, dans un sens que je désapprouve complètement, bien sûr. Question d'âge, peut-être ! Question d'expérience, aussi : il faut avoir le recul du temps pour pouvoir juger sur une longue période. Et, à 90 ans, je crois, modestement, posséder ce recul, même si je n'ai pas attendu d'aborder le troisième millénaire, pour dire haut et fort, pour crier même, ma vérité.

L'année 1945 c'est, bien sûr, l'année de la victoire sur l'Allemagne nazie et sur les quelques alliés qui lui restaient, le Japon en tout premier lieu. Pour moi cette année-là est à marquer d'une pierre blanche.

Engagé dans la Résistance, j'avais commandé un maquis dans l'Ariège pendant l'Occupation et j'avais la fierté de voir la France retrouver son rang, sa liberté, son indépendance. Ces années de lutte, que j'avais partagées avec tant de camarades, n'avaient pas été inutiles… Mais 1945, est aussi l'année où, sortant des décombres, la France devait s'atteler à la tâche gigantesque de la reconstruction.

Car, ne l'oublions pas, au sortir de la guerre, le pays était un champ de ruines. Pas au point, certes, qu'ont pu connaître certaines villes allemandes : Dresde et Berlin bien sûr, et aussi Cologne et Hambourg qui ont été totalement rasées. Quoique… Le Havre ou Royan portent encore le témoignage des dévastations de l'époque.

En France, en 1945, tout, ou presque, était à reconstruire : les voies de communication en tout premier lieu, bombardées à maintes reprises, par les Alliés comme par les Allemands : routes, ponts, chemin de fer…

Mon père était cheminot et j'ai pu voir de près ce qu'était le réseau ferré français après un conflit qui avait duré cinq ans. C'était tout l'outil industriel du pays qui devait, lui aussi, être relevé de ses ruines : les mines de fer de ma Lorraine, les charbonnages du Nord, les usines…

On n'a plus idée aujourd'hui de l'énergie et de l'enthousiasme avec lesquels les Français de cette époque se sont consacrés au relèvement de la France. C'était vraiment une tâche exaltante. Il fallait retrousser ses manches et ne pas hésiter à mettre les mains dans le cambouis. Et ce, sans les 35 heures, sans les primes diverses, sans les avantages sociaux que nous connaissons aujourd'hui ! Le rationnement alimentaire subsistait encore et il ne prendra fin qu'en 1947.

À l'époque, les Français comprenaient ce qu'était le devoir qu'on a envers son pays et tous les sacrifices qu'il faut consentir pour le bien de tous, pour la collectivité.

Quelle était l'ambiance de ces années-là ? Quel était l'état d'esprit des Français de 1945, cette période formidable que j'appellerais une époque « bleu blanc rouge » ?

Un très fort sentiment national imprégnait encore toutes les mentalités. Le mot « patriotisme » avait toute sa valeur. On était fier d'être français. On croyait à la grandeur de notre pays, à sa mission civilisatrice et à son Empire.

« L'Empire », un mot qui nous restait de l'époque napoléonienne, avec nos lointaines possessions sur tous les continents, ces vastes zones violettes qui figuraient sur tous les atlas et qui servaient à identifier nos colonies. « Colonies », encore un mot de l'époque.

Car 1945, si c'est l'année de la Victoire, c'est aussi celle du début de la fin pour nos possessions d'outre-mer. C'est l'année où, brutalement, une évidence apparaît : la France n'est plus perçue comme invincible par les territoires qu'elle gouvernait. On ne nous trouvait plus indispensables, ou, plus grave encore, nous n'étions plus légitimes dans nos prétentions à guider l'avenir de ces pays.

L'expérience de la défaite de 1940, l'humiliation de l'Occupation, les déclarations de De Gaulle, également, promettant dans son discours de Brazzaville, sinon l'indépendance, du moins une très large autonomie interne, allaient marquer le début d'une époque où tout allait partir en déliquescence.

Brutalement, tous les mouvements nationalistes qui sommeillaient, de l'Algérie à l'Indochine en passant par l'Afrique Noire, se réveillent et réclament leur indépendance. Au nom des mêmes principes que ceux qu'avait invoqués de Gaulle, et tous ceux de la France Libre, pour libérer notre pays du joug nazi. Dans ces années-là, chaque colonie était un cas à part.

Le pays dans lequel la situation était la plus complexe, c'était l'Indochine. Cette Indochine qui était une caricature de l'Extrême-Orient compliqué. Une mosaïque de territoires aux statuts divers. Trois protectorats : l'empire d'Annam Tonkin, le Vietnam actuel, et deux royaumes, le Laos et le Cambodge. Il fallait ajouter une colonie, la Cochinchine, avec Saigon, le poumon de l'Indochine, pour capitale.

Sur place, la situation était explosive. Les Japonais, qui avaient occupé la zone pendant la guerre, s'étaient alliés aux nationalistes locaux, communistes pour la plupart. L'ennemi de mon ennemi est mon ami, une petite règle d'algèbre qui s'est souvent vérifiée dans ces années-là.

En Annam Tonkin, le pouvoir était exercé par une marionnette, l'empereur Bao Daï, que la France déposait ou remettait en place autant de fois que cela plaisait aux autorités de Paris, qui détenaient le pouvoir réel. Et, comme par hasard, c'est en Indochine que, dès 1945, dès la fin de la guerre donc, éclatera la première des deux guerres françaises de décolonisation. Cette guerre qui allait me révéler à moi-même.

Pour apaiser, dans un premier temps du moins, les tensions dans cette zone, il aura fallu tout le talent, toute l'intelligence et l'immense prestige du maréchal Leclerc. Malheureusement, il disparaîtra prématurément, victime d'un accident d'avion.

Je suis toujours resté persuadé qu'il était le seul homme capable de sauver la situation.

En Algérie, les choses étaient différentes. Le pays équivalait à trois départements français, plus une très vaste zone gouvernée par l'armée, dans les territoires sahariens. Une communauté européenne importante, le dixième de la population environ, y vivait. Ce n'était pas le cas en Indochine qui n'était pas une colonie de peuplement.

En outre, en Algérie, la communauté juive locale, très nombreuse, s'était totalement assimilée à la France et se considérait comme européenne. D'ailleurs ses membres étaient citoyens français depuis le décret Crémieux de 1870. Les musulmans, eux, ne bénéficiaient pas des mêmes avantages, à l'exception d'une élite numériquement très restreinte.

L'Algérie, c'était la France et, comme le diront plus tard les partisans de l'Algérie française, « la France métropolitaine et l'Algérie ne sont séparées par la Méditerranée que comme les deux rives de Paris le sont par la Seine ».

Toujours est-il qu'en Algérie aussi, dès 1945, la situation tourne au vinaigre. En mai de cette année-là, à l'occasion des célébrations de la victoire, des troubles éclatent à Sétif et à Guelma. Des Européens sont tués, égorgés, assassinés et horriblement mutilés. Une sauvagerie aveugle et sanguinaire se déchaîne contre les Français.

La riposte du pouvoir ne se fait pas attendre. La répression menée par les autorités françaises est très musclée, histoire de faire passer aux nationalistes algériens l'envie de s'en prendre, de manière aussi violente, à des Européens. À la suite de cette répression tant décriée aujourd'hui par certains, la France aura la paix en Algérie pendant dix ans ou presque, jusqu'en 1954.

1954, c'est l'année du commencement de ce que l'on a d'abord appelé les « événements », avant d'oser employer le mot propre : la guerre d'Algérie. Autre théâtre d'opération où je me distinguerai, sans chercher à être le premier par gloriole, mais simplement en faisant tout pour mon pays, en donnant toujours le meilleur de moi-même.

L'Algérie représentait donc un cas tout à fait à part au sein des territoires contrôlés par la France à cette époque. La première de ces particularités, je l'ai déjà dit, c'était l'importance de sa population européenne. Une population à l'identité double, même si sa loyauté envers la France était inconditionnelle. Ce que j'entends par « identité double », c'est que, pour un Français de métropole, le pays et la patrie se confondent. Son pays, bien évidemment, c'est la France et sa patrie également.

Pour les Français d'Algérie, la situation était différente. Leur patrie, c'était, bien sûr, la France. Mais leur pays, c'était l'Algérie, une terre où leur famille vivait depuis parfois plus d'un siècle. Un temps suffisamment long pour se créer des racines locales et se forger une identité différente de celle des « Français de France ».

À partir des années cinquante, beaucoup en France commencèrent à voir dans ceux que l'on n'appelait pas encore les « pieds-noirs » des profiteurs. Ils étaient tous catalogués comme de gros colons exploiteurs qui faisaient « suer le burnous » à la population arabe. Une image caricaturale bien sûr et totalement fausse. Qui a connu l'Alger des années cinquante peut témoigner du fait que Bab-el-Oued, par exemple, était un quartier populaire, bien qu'européen. Et ceux que l'on appelait « les colons », une poignée de grands propriétaires terriens, ne formaient qu'une infime minorité parmi la population européenne d'Algérie.

Mais, sur la question algérienne, quelle était ma position ? Je le dis franchement, j'étais pour l'indépendance. Je trouvais totalement anormal et anachronique cette situation qui prévalait en Algérie à cette époque. Je pensais, et je pense encore, qu'il aurait fallu promouvoir les élites locales, former les hommes dans tous les domaines, afin qu'ils puissent, plus tard, prendre en main le destin de leur pays dans les meilleures conditions possibles.

La France aurait d'ailleurs eu tout à y gagner, au lieu de faire figure de repoussoir, comme cela a été le cas jusqu'à l'indépendance et bien longtemps après. Et même, aujourd'hui encore, pour certains Algériens, notamment les anciens du FLN. Il suffit d'écouter les discours du président Bouteflika qui, souvent, tient des propos radicalement antifrançais, s'adressant à ceux des Algériens qui nous en veulent encore.

Moi, j'étais là pour faire la guerre, et à une certaine période, dans Alger, pour faire la guerre au terrorisme, et je la faisais sans état d'âme. Aujourd'hui, les Algériens eux-mêmes, entre eux, sont contraints de combattre le terrorisme sur leur sol et à l'étranger. J'imagine qu'ils comprennent combien les méthodes se doivent d'être fermes quand on sait que des bombes ont été posées dans la ville, qu'elles vont faire de nombreuses victimes innocentes et qu'il faut à tout prix éviter le carnage. Souvent, ils doivent utiliser les méthodes qu'ils nous reprochent encore aujourd'hui ; souvent, ils doivent penser à nous.

Oui, j'étais là pour faire la guerre et cette guerre, nous l'avons gagnée militairement. Ce sont les politiques, soumis à la pression de l'opinion publique internationale, et notamment des États-Unis, qui nous ont contraints à « lâcher » de manière lamentable l'Algérie. Alors que, sur le terrain, nous étions maîtres du jeu.

Déjà, je constatais que les politiques étaient, d'une certaine manière, responsables du déclin progressif de notre pays, de son affaiblissement, de sa perte d'influence dans le monde. Parce qu'il n'y avait pas de vrai chef, avec une vision claire de ce qu'il fallait faire. J'y reviendrai plus loin dans ce livre.

Tant de morts, tant de blessés, tant de souffrances et de sacrifices… finalement pour rien !

Je n'ai jamais été « Algérie française ». Loin de là. Pourtant je comprenais, même si je ne les approuvais pas, les gars de l'OAS. Je les trouvais courageux, déterminés aussi et j'imaginais aisément le ressentiment qu'ils portaient à de Gaulle qu'ils considéraient comme un traître, comme un « lâcheur » qui les avait livrés à l'ennemi, le FLN.

Le FLN, avec ses représailles terribles, dont le fameux « sourire berbère », la gorge tranchée de part en part, d'une oreille à l'autre. Un carnage dans les règles.

Pourtant, personnellement, je fais une autre analyse de la position du Général en ce qui concerne l'Algérie.

Je pense que, si cela lui était paru possible, il aurait tout fait pour conserver l'Algérie dans le giron français. Mais il avait été porté au pouvoir pour mettre fin, justement, à cette guerre. Nos deux conflits coloniaux, l'Indochine et l'Algérie, avaient creusé la tombe de la IVe République. Ce régime instable où les gouvernements se succédaient à quelques mois d'intervalle, avait un Parlement omnipotent qui faisait et défaisait les majorités, des majorités d'occasion la plupart du temps.

C'est justement parce que les Français avaient compris que le pays avait besoin d'un chef digne de ce nom qu'ils ont rappelé de Gaulle au pouvoir.

Mais pour ce qui était de l'Algérie, concrètement, quelle pouvait être l'issue de la présence française ?

Je ne vois que peu de pistes qui auraient pu être possibles.

La première, une sorte de *statu quo*, une présence améliorée qui aurait reconnu des droits très étendus aux Algériens, mais qui aurait maintenu le pays sous la dépendance politique et économique de la France. Dès les années cinquante, les gouvernements successifs avaient pris des mesures dans ce sens. Mais elles intervenaient trop tard, les Algériens n'en pouvaient plus de ne pas être maîtres chez eux.

La deuxième éventualité aurait pu être l'intégration pure et simple. La « fusion », en quelque sorte, des trois départements algériens avec ceux de la métropole. Avec droits égaux pour tous, de part et d'autre de la Méditerranée. Mais cette solution, si elle avait remporté les suffrages de nombreux musulmans d'Algérie, portait en elle un terrible danger pour la France. Un danger d'ordre démographique.

On le sait, les Algériens sont beaucoup plus prolifiques que les Français. Encore aujourd'hui, malgré plus de trente ou quarante années de présence en France, les immigrés algériens ont beaucoup plus d'enfants que les Français de souche.

À moyen terme, vue l'évolution des courbes démographiques de la métropole et de l'Algérie, ce sont les musulmans d'Algérie qui, numériquement plus nombreux que nous, auraient pu décider de notre destin. Une situation bien sûr inacceptable. Et que de Gaulle résumait d'une formule, lapidaire comme à son habitude :

« Je ne veux pas que Colombey-les-Deux-Églises devienne Colombey-les-Deux-Mosquées. »

Déjà, sous une autre forme, le problème de l'immigration se posait. Et le règlement de la question algérienne n'était pas simple. Oui, j'ai la conviction que si de Gaulle avait entrevu une solution pour conserver l'Algérie, il l'aurait fait.

Mais il traînait l'affaire algérienne comme un boulet. Il voulait liquider ce problème, une fois pour toutes. Problème qui envenimait la vie politique française, intérieure comme extérieure. Il était conscient du fait que la présence française en Algérie relevait d'un passé révolu, que cette forme de colonialisme ne pouvait plus durer.

À l'époque, ce qu'on appelait le « tiers-monde » affirmait, chaque jour davantage, sa présence sur la scène internationale. De Gaulle voulait, avec la force de conviction et l'autorité qui étaient les siennes, se consacrer à la modernisation de la France. Il avait décidé de faire entrer notre pays dans l'âge d'un progrès technique jamais vu jusqu'alors et d'une croissance économique qui n'avait pas, non plus, connu de précédent.

Reste, de mon point de vue, dans l'analyse toute personnelle que je fais de la politique de De Gaulle en Algérie, une ombre au tableau. Une ombre de taille !

Je veux parler du problème des rapatriés qui ont fui une valise à la main, et de la question des harkis.

Là, je dois bien le reconnaître, la France a été au-dessous de tout. Déjà, en Indochine, j'avais pu voir l'abandon par l'armée française, sur ordre du pouvoir politique, des auxiliaires indigènes.

Oui, me reviennent encore ces scènes révoltantes, comme ces officiers qui étaient obligés de frapper à coups de crosse les mains de Vietnamiens qui s'accrochaient aux camions, alors qu'on évacuait les troupes françaises.

Et ces officiers n'agissaient pas de la sorte par gaieté de cœur, non ! S'ils l'avaient pu, ils auraient sauvé tous ces hommes qui avaient combattu à leurs côtés et qui étaient promis à une mort certaine dans les camps Vietminh. Sans parler de morts plus expéditives pour ceux que les communistes vietnamiens considéraient comme des traîtres.

Mais ces officiers français avaient reçu des ordres impératifs et ils étaient contraints d'y obéir.

La même chose s'est reproduite en Algérie et a contribué à grossir les rangs de l'OAS, ceux des partisans du « quarteron de généraux à la retraite », comme les appelait de Gaulle, les auteurs du putsch d'Alger, du *pronunciamiento*, pour continuer à citer le Général.

Les Français d'Algérie ont été spoliés de tous leurs biens et ont quitté ce qu'ils considéraient comme leur pays, dans des circonstances absolument tragiques, dans une ambiance de fin du monde où les attentats aveugles de l'OAS répondaient à la barbarie du FLN. Et ceci, alors que nous étions maîtres du terrain ! Depuis maintenant près d'un demi-siècle, ils attendent toujours d'être correctement indemnisés.

On a revécu une situation semblable, au plan international, avec les colons de la bande de Gaza. À une époque, le gouvernement israélien a encouragé leur implantation dans cette zone occupée pour leur dire, quelques décennies plus tard, qu'ils devaient quitter ces terres où ils avaient tout bâti, leur famille, leurs biens et où ils avaient même enterré leurs morts. N'est-ce pas, là encore, une erreur des hommes politiques ?

Pour revenir à l'Algérie, de ces harkis, ces supplétifs musulmans de l'armée française, combien sont morts après avoir subi des tortures sans nom ? Ils ont été très nombreux. Beaucoup trop nombreux à être ainsi exécutés pour leur fidélité à la France.

Quant à ceux qui ont réussi à quitter le sol algérien pour trouver refuge en Métropole, ils l'ont fait à leurs risques et périls et ne représentent qu'un tout petit contingent parmi ceux qui ont glorieusement servi la patrie à nos côtés.

Mais arrivés en France, quel a été leur sort ?

Ils ont été parqués dans des camps de transit où certains vivent encore, cantonnés dans des emplois sous-qualifiés, forestiers pour la plupart d'entre eux, sans aucun souci de dignité, sans aucune reconnaissance pour le sang qu'ils ont versé.

Je pense que ces hommes auraient dû recevoir l'hommage de la nation. Leur bravoure devait appeler une autre récompense que cette mise en quarantaine, comme si la France avait honte d'avoir su se faire aimer par ces nombreux Algériens.

On oublie trop souvent de le dire, dans l'aventure coloniale de notre pays, il y avait une grande part de vraie générosité, totalement gratuite et désintéressée, de la part de beaucoup de Français envers les Algériens, comme à l'inverse d'ailleurs. Une générosité dont, à de nombreuses reprises, j'ai pu être le témoin, alors même que cette période touchait à sa fin.

Aujourd'hui, en jetant un regard en arrière sur cette première partie de l'après-guerre, celle qui correspond, pour résumer, à la Libération, la reconstruction, les deux guerres de décolonisation et le retour de De Gaulle au pouvoir en 58, quel sentiment me semble dominer l'histoire, puisqu'on peut déjà parler d'histoire ?

Le sentiment d'une France qui savait encore se battre. D'une France, comme je l'ai dit, où l'effort était le maître mot de la réussite et qui restait consciente qu'on ne fait rien de grand sans force morale. La force morale qui est tout à la fois l'essence du combat et la première valeur qui devrait guider notre quotidien.

Voilà pourquoi, avant d'aller plus loin, j'aimerais rendre hommage à des combattants de l'ombre, mais aussi aux rares femmes de Diên Biên Phu, comme Geneviève de Galard, qui ont participé très largement à l'histoire de France de la deuxième moitié du XXe siècle.

Parmi les quelques femmes présentes dans la cuvette, Geneviève de Galard, « l'ange de Diên Biên Phu », passée à la postérité depuis longtemps, a été vraiment courageuse. Elle a été un soutien moral, bien sûr, un soutien psychologique extrêmement important pour ces hommes qui voyaient leurs camarades mourir les uns après les autres.

Nullement préparée à ces combats, elle ne l'était pas davantage pour aider les blessés à aller vers la mort. Sa présence à nos côtés dans les camps retranchés, durant six semaines, lui a permis d'être pénétrée par les souffrances qu'elle a pu y voir et de continuer à les perpétuer, aujourd'hui encore, dans les mémoires. Elle donne des conférences à travers la France entière et m'a fait l'honneur de venir me rendre visite à Toul, lors d'une de ses tournées.

La deuxième partie de l'après-guerre se distingue, pour moi, par l'expansion économique foudroyante en parallèle avec l'apparition de la société de consommation. Puis Mai 68, qui entraîne la rupture de la hiérarchie des valeurs, suivie de l'arrivée au pouvoir de François Mitterrand en 1981 et de Jacques Chirac en 1995.

Quatorze ans de Mitterrand, dix ans de Chirac ! Un quart de siècle où le déclin s'est emballé !

Au cours de ces années-là, j'ai vraiment compris que ma France était en train de « ficher le camp » et que je risquais, de plus en plus, d'apparaître comme un dinosaure, un homme d'une espèce préhistorique comme on n'en fait plus.

Peut-être ne suis-je plus en phase avec cette époque, à moins que ce ne soit elle qui ne corresponde plus à l'idée que je me suis toujours faite de la vie et de la dignité de l'homme.

L'expansion économique, qui s'accélère à partir des années cinquante, marque un changement radical de société, aussi radical qu'a pu l'être l'apparition de l'électricité, de l'eau courante ou du téléphone. Changement radical parce qu'il apporte une prospérité, un confort matériel dont, enfant, dans ma ville de Lorraine, je ne pouvais même pas rêver.

Mais il y le revers de la médaille. Avec ce développement économique à marche forcée, qui a vraiment fait entrer la France dans le XXe siècle, apparaissent des symptômes inquiétants.

L'individualisme, le règne du fric, le profit à toute force, le chacun pour soi, une société où seuls les loisirs comptent et détournent beaucoup d'entre nous, les jeunes notamment, des valeurs d'effort et de combat.

Une société qui se contente d'être matérialiste, d'où l'esprit est absent, et qui donne comme but suprême à nos concitoyens l'accumulation de biens de toutes sortes. C'est ce que l'on appelle la société de consommation.

Dans ma jeunesse, à Toul, dans les années trente, l'achat était un acte réfléchi, pensé, souvent même exceptionnel. Les marchandises ne s'étalaient pas aux devantures des magasins, offertes à la vue de tous dans l'unique but de les tenter, les provoquer.

Les commerces, beaucoup moins nombreux qu'aujourd'hui, étaient modestes, très loin du clinquant actuel. Et ce que l'on venait y chercher, il fallait en quelque sorte le mériter, dans des magasins qui, de nos jours, passeraient pour des musées dignes d'être jetés aux oubliettes.

Je repense à ces papeteries, par exemple, dont l'odeur mêlée d'encre et de papier me poursuit encore. Sombre, en désordre, peut-être, mais où le patron connaissait parfaitement l'emplacement de la moindre gomme, du moindre crayon.

Que sont devenues les merceries que fréquentait ma mère ? Des merceries ! En trouve-t-on encore beaucoup aujourd'hui ? J'en doute. Pour le moindre bobinot de fil, il faut aller dans des grands magasins où on vous vend un lot de six bobines de couleurs différentes, dont vous n'avez pas besoin !

Ceux qui n'ont pas connu l'avant-guerre ne peuvent pas se faire une idée du choc qu'a représenté, pour des hommes de ma génération, le développement de ces commerces en tous genres, l'apparition des hypermarchés, où l'on trouve tout et en toute saison. L'expression choisie pour définir cette évolution, « société de consommation », est vraiment adéquate.

Seulement notre société y a perdu une partie de son âme et on a parfois l'impression que l'acte de vie le plus important, pour beaucoup de nos contemporains, c'est l'acte d'achat.

Aujourd'hui la sortie du week-end n'est plus le pique-nique en famille au bord de la rivière ou en forêt, ou la visite chez la grand-mère. Non, c'est plutôt la razzia à l'hypermarché bâti à la sortie de la ville dans un immense complexe de gros commerces et de fast-foods.

Ce n'est pas ce qu'on m'a enseigné, ce n'est pas dans ces valeurs-là que j'ai été élevé.

Ce bouleversement social, sans précédent, a provoqué un contrecoup : Mai 68. À en croire les jeunes leaders étudiants, on allait changer de société, jeter à bas tout ce saint-frusquin « petit-bourgeois ».

Et on a vu ce qu'on a vu. Des illuminés, loin des réalités, coupés du pays dont les préoccupations étaient encore celles du travail pour profiter dans sa courte vie de la récompense méritée de ses efforts.

J'étais loin de France en 68. Mais je n'allais pas tarder à constater les ravages causés dans les esprits par ce printemps où cette « révolte » étudiante d'un nouveau genre allait transformer les esprits pour accéder, soi-disant, à toutes les prétendues libertés ; liberté de ne rien faire, liberté de ne plus respecter la République et ses représentants, à commencer par ceux chargés du maintien de l'ordre.

Or, sans discipline, sans ordre, il n'y a plus de démocratie possible, donc plus de liberté !

C'est avec Mai 68 que, pour la première fois, des idées de subversion ont pu s'infiltrer dans la société avec une absence de réaction quasi totale de la part de cette même société qui paraissait tétanisée, assommée !

Les gauchistes prétendaient avoir le monopole de la liberté, de l'avenir, de la jeunesse et de l'intelligence. Ils jouissaient du prestige un peu romantique de tous les révoltés. Alors peu à peu, mais rapidement tout de même, un consensus mou s'est installé dans la société française. Pas touche à 68 ! Ce mois de mai est devenu un peu comme la Grande Guerre, ou comme la Résistance. Une référence obligée, qu'on ne peut contester sans passer pour un vieux réactionnaire, pour un « fasciste », pour employer l'insulte la plus prisée à cette époque.

Mai 68, la France en crève encore. Surtout depuis 1981, depuis l'arrivée au pouvoir de François Mitterrand. C'est à ce moment-là que les quelques « résistants », bien faibles d'ailleurs, que notre société avait réussi à sauver, contre l'esprit de mai 68, ont baissé les bras et ont abandonné la bataille, donc abandonné la France.

1981 a pris la relève de Mai 68 pour l'installer comme la seule pensée officielle, bénéficiant de l'autorité du pouvoir. Mais quand on réfléchit un peu, on s'aperçoit que la plupart des meneurs de l'époque sont revenus en masse au conformisme social le plus traditionnel, ne rêvant que d'influence, de pouvoir, d'argent et de plaisir sans effort. Voilà le véritable héritage de 1968, quand on le passe au crible de l'observation et de l'expérience du temps.

Et même après les deux septennats de François Mitterrand, l'empreinte était profonde. Et Jacques Chirac n'est pas homme à lutter contre ce raz de marée des mentalités. Depuis sa première élection à la présidence de la République, il aura même plutôt contribué, par son immobilisme, à ancrer encore plus durablement et profondément cet état d'esprit dans la tête de nombreux Français, de plus en plus désemparés.

CHAPITRE III

La France de 2005
État des lieux politique

Notre pays va à la dérive.

C'est difficile à admettre, mais c'est pourtant vrai !

Et face à une telle situation, je suis réellement inquiet. Mais soyons clairs, mon inquiétude ne concerne que l'avenir et les jeunes générations car, pour moi, ma vie est largement faite.

Oui la France va mal. Très mal même. Et ce n'est pas terminé. Nous sommes loin d'avoir tout vu dans ce domaine. Je pense même, sans vouloir verser dans un catastrophisme facile, que nous allons tomber encore plus bas, car nous n'avons pas touché le fond. Loin de là.

Nous traversons une période unique dans notre histoire. On a l'impression d'une bougie qui s'éteint. D'une bougie qui, après avoir brillé pendant des siècles dans tous les domaines, et dans le monde entier, est arrivée au terme de ses potentialités. On a l'impression que toutes les valeurs sont parties en fumée.

Voilà pourquoi, avec ce livre, je veux transmettre aux autres mon expérience, passer le flambeau en quelque sorte, pendant qu'il en est encore temps. Car je ne me sens plus chez moi au XXIe siècle.

Alors, pendant que je suis encore en état, et pour terminer ma vie debout, comme je l'ai toujours souhaité, ce chapitre va me permettre de crier encore une fois, la dernière peut-être, ma vérité.

Puisse-t-elle être entendue.

Et puisse-t-elle, surtout, inciter à un sursaut, notre pays en a sacrément besoin.

Ce constat désabusé, ce constat de faillite, de faillite morale d'abord et avant tout, je lui ai donné un nom : c'est la « démolisation », mélange de démolition et de démobilisation.

Les deux mamelles funestes auxquelles notre pays se nourrit depuis maintenant plus d'un quart de siècle.

Démolition : au fond de moi-même, j'ai l'impression d'assister à une véritable entreprise de démolition de toutes les valeurs faisant appel au devoir, à l'effort collectif et au sens du sacrifice. Elles sont tournées en dérision, moquées, couvertes de ridicule.

Démobilisation : il n'y a plus, aujourd'hui, pour des jeunes qui entrent dans la vie active, de vraie perspective, de repères stables, de projets d'avenir un tant soit peu exaltants, sur le plan collectif surtout.

Ma France décline de jour en jour.

Et ce déclin progressif, dont l'évidence saute aux yeux, a un responsable, on est bien obligé de le reconnaître et de le dire.

Ce responsable, c'est le système politique, avec son cortège d'hommes parmi lesquels il n'y a plus depuis longtemps de vrais chefs, de meneurs dignes de ce nom, capables de donner au pays une véritable impulsion.

En écrivant cela, je me refuse à dire qu'ils sont « tous pourris », comme le chantent souvent certains détracteurs des partis situés aux extrêmes, qui déclarent que tous les politiques, à part eux, tous sont « bonnets blancs et blancs bonnets ». Non, je vais beaucoup plus loin.

Le problème dépasse les simples indélicatesses financières, ou les magouilles peu glorieuses, de certains.

Non, ce à quoi je veux faire allusion, c'est cette impression que le monde politique a complètement abdiqué. Il n'est plus capable de sécréter en son sein une ambition pour la France, portée par un dirigeant prêt à la mettre en œuvre et à donner à ses concitoyens la fierté d'être français.

On entend dire partout que les hommes politiques n'entrent dans cette carrière que par ambition, pour assouvir leurs envies de puissance.

Qu'il y ait chez tout homme politique un indéniable goût du pouvoir, bien sûr, c'est vrai ! Comment pourrait-il en être autrement d'ailleurs ? On n'aspire pas à diriger un pays, ou toute autre collectivité, si on n'a pas un tant soit peu le goût du commandement !

Mais chez certains hommes politiques de ma jeunesse, au-delà de ce goût évident du pouvoir, au-delà de leur ego surdimensionné, il y avait autre chose. Oui, quelque chose de plus grand et de plus fort, qui leur faisait dépasser cette dimension mesquine de faire de la politique pour leur avenir personnel.

Ils servaient avant tout certaines idées et ils étaient avant tout au service de la patrie.

C'est cela qui a disparu chez la plupart des hommes et femmes politiques actuels, et c'est cela qui est préoccupant.

Le général de Gaulle était un homme que certains proches disaient d'une grande vanité, qui faisait le vide autour de lui peut-être, s'isolant dans sa tour d'ivoire, qui n'avait d'ailleurs aucun ami véritable. Mais comment peut-on avoir de vrais amis quand on est du niveau des Vercingétorix, Jeanne d'Arc ou autres grands chefs ?

Et cet homme, peu chaleureux sur le plan humain, il faut bien l'admettre, a été l'un des plus grands Français de tous les temps.

Peu ont su, comme lui, aimer la France et la servir, dans une dimension universelle. Un homme qui s'était mis, très jeune, à l'entier service de Dame la France, et ce, pour toute la vie. Une sorte de sacerdoce, d'entrée en religion. C'est ce genre d'homme politique qui fait défaut aujourd'hui. De Gaulle avait su « ramasser » le pays après la terrible défaite de 1940.

Qui, aujourd'hui, la sauvera d'un déclin inévitable ? Qui lui rendra sa grandeur, sa renommée planétaire ?

Dans la vie politique intérieure française des quarante dernières années, Jacques Chirac fait vraiment figure de cas à part.

C'est un homme que je connais bien, pour avoir siégé dans son premier gouvernement, entre 1975 et 1976. Il était Premier ministre de Valéry Giscard d'Estaing qui m'avait nommé secrétaire d'État à la Défense. Chirac et moi avons d'ailleurs démissionné presque en même temps, lui fin juillet 1976, dans la torpeur de cet été de sécheresse mémorable, démission effective à la fin du mois d'août, et moi deux semaines plus tard, au début du même mois.

Pas pour le suivre, bien sûr, mais parce que, à mon avis, j'avais rempli ma mission. Je n'avais plus rien à faire dans ce ministère. Et comme je n'étais pas du genre à me rouler dans la soie, contrairement à ce qu'avait écrit *Le Canard enchaîné*, ou à trimballer mes souvenirs et mes médailles dans les cocktails mondains, j'ai démissionné.

Je n'avais pas compris alors que Jacques Chirac se préparait à trahir Giscard, ni qu'il lui mènerait la vie aussi dure jusqu'à la fin de son mandat. Et même bien au-delà, puisque tout le monde sait que la défaite de Valéry Giscard d'Estaing à l'élection présidentielle de 1981 est due, pour une large part, aux manœuvres chiraquiennes.

Chirac ou la politique du pire !

Il préférait prendre le risque de voir Mitterrand remporter les élections plutôt que de laisser passer son président, Giscard, aux mêmes sensibilités politiques, qui l'avait nommé à la tête du gouvernement !

Si ça n'est pas de la trahison, alors qu'est-ce que c'est ?

Il ne pardonnait certainement pas à Giscard d'avoir tant de qualités d'intelligence, de finesse et d'élégance sur le plan physique comme sur le plan de l'esprit.

Chirac a « exécuté » tant d'hommes de son bord : Jacques Chaban-Delmas d'abord, en 1974. Raymond Barre ensuite, un brillant professeur d'université égaré en politique, Édouard Balladur enfin. Et j'en ai certainement oubliés.

Non, en 1976, comme en 1981 d'ailleurs, je n'avais pas saisi sa véritable nature.

Il a d'abord inventé le « travaillisme à la française », dans les années soixante-dix, au tout début de la création du RPR.

Puis on a eu droit au « thatchérisme à la française », au tournant libéral des années quatre-vingt. C'était pendant son deuxième passage à Matignon, entre 1986 et 1988, à l'époque de la première cohabitation.

Ensuite Chirac nous a servi le thème de la « fracture sociale » en 1995, un thème qui lui a réussi puisqu'il lui a permis d'être enfin élu à la présidence de la République, après trois tentatives infructueuses.

Pour moi, ses changements de cap successifs démontrent qu'il est avant tout un super-politique, particulièrement doué pour lui-même : patienter, voir venir, utiliser l'homme qu'il faut au moment voulu, sans fidélité... son seul but personnel étant d'être président de la République, avec l'étiquette gaulliste.

D'ailleurs qu'est-ce que le gaullisme selon Jacques Chirac ? Il a tout bradé, absolument tout, de l'héritage du Général.

La conscription par exemple.

J'y suis très attaché, car elle était le creuset de l'intégration à la nation, l'année où l'on faisait l'expérience concrète de la citoyenneté, avec une formation qui avait pour but d'apprendre à défendre son pays et, le cas échéant, à donner sa vie pour la France s'il le fallait.

Eh bien, terminée la conscription avec M. Chirac ! Place à une armée dite de métier à laquelle on ne donne pas les moyens de la politique affichée officiellement.

La politique de dissuasion ensuite.

Fer de lance de l'indépendance nationale et de la capacité du pays à pouvoir défendre sa souveraineté en tout temps et en tout lieu, Chirac a décidé d'arrêter les essais nucléaires, qui seuls peuvent maintenir notre défense dans un état opérationnel. Mais cela dérangeait trop de lobbies, des écologistes aux atlantistes en passant par les pays de la zone Pacifique, Australie et Nouvelle-Zélande en tête, qui n'apprécient pas que la France soit leur voisine dans cette partie du monde, où ils ne voudraient voir que des puissances anglo-saxonnes.

Le général de Gaulle avait fait sortir la France du commandement intégré de l'OTAN. Il s'agissait d'une question d'indépendance nationale, là encore, la question de maîtrise de son destin. Une maîtrise que notre pays ne peut laisser à d'autres puissances, quelles qu'elles soient.

Alors gaulliste, Jacques Chirac ?

Sa position sur la période noire de Vichy est également remarquable. S'il y a une épreuve de vérité en matière de gaullisme, c'est bien sur ce thème-là qu'on doit la chercher.

Un retournement express, un véritable tour de passe-passe dans la perception de l'histoire nationale. De Gaulle, comme Mitterrand d'ailleurs, avait toujours considéré que les actes du régime du maréchal Pétain n'engageaient pas la France, qu'ils procédaient d'un autre esprit, d'autres valeurs, qui n'ont pu et ne pourront jamais être celles de la République une et indivisible.

Cette lecture de l'histoire, si juste sur le plan de la mémoire collective, Chirac l'a réduite à néant. Il a reconnu les crimes de Vichy, mais surtout en a demandé pardon au nom de la République ! Demander pardon des erreurs des autres !

Mais en quoi la République est-elle responsable des errements du gouvernement d'occupation ? En rien bien sûr. Il ne fallait garder que l'image de la France présente aux côtés des vainqueurs !

Dans sa grande braderie, Chirac a également soldé le septennat.

Le septennat n'est pas seulement une question de durée du mandat. C'est aussi et surtout une tradition républicaine. Il a été créé au début de la IIIe République, pour le maréchal de Mac-Mahon. Et quand, en 1962, le général de Gaulle a institué l'élection du président de la République au suffrage universel direct, il a maintenu cette institution. Parce qu'il avait compris qu'un pays a besoin de cadres fixes, qui lui permettent de s'identifier, car pour bâtir une politique suivie, il vaut mieux qu'elle le soit sur une longue période.

Nous avons besoin d'une armature historique, qui nous rattache à notre passé.

Le septennat permettait de distinguer clairement, dans le temps de la vie politique, le pouvoir du Parlement, avec les cinq ans d'un mandat de député, et le pouvoir exécutif, avec un président de la République dont la durée de la fonction est volontairement dissociée des échéances législatives.

Jacques Chirac a remisé le septennat au magasin des accessoires au profit d'un quinquennat trop court qui pour moi ne donne pas le temps suffisant à celui qui dirige le pays pour mener à son terme ses nouveaux projets.

Mais ce qui me choque le plus dans cette réduction du mandat présidentiel c'est que la véritable motivation n'a été qu'une stratégie. Elle allait lui permettre de rempiler pour un deuxième mandat, qui n'aurait pas été aussi évident s'il s'était agi d'un double septennat.

Quant à l'Algérie, il se plaît à rappeler qu'il y a servi comme officier de cavalerie, dans les spahis plus précisément.

Dans tous les livres qui lui sont consacrés, on peut le voir dans son magnifique uniforme, digne des films de l'entre-deux-guerres qui glorifient les faits militaires. Pourtant, j'ai vécu douloureusement son oubli de la défense des intérêts et de l'honneur de notre armée, quand il aurait fallu monter au créneau.

En tant que président de la République, il est le chef des armées.

Hélas, on ne s'en est pas aperçu dans les rares moments difficiles que notre armée a traversés pendant ses mandats.

Quand l'armée française prise globalement, a été accusée de tortures en Algérie, quand on a comparé son action à celle des nazis dans l'Europe occupée, et encore, tout récemment, comme l'a fait Abdelatif Bouteflika, Chirac n'a pas eu un mot, pas un seul, pour défendre notre armée.

Comment peut-on suivre un homme qui ne soutient pas ceux dont il est responsable, qui laisse bafouer et insulter une institution qui n'a rien à se reprocher, qui n'a fait que son devoir exigé par les gouvernements de l'époque, et ce dans des circonstances exceptionnelles ?

Je suis bien placé pour en parler. J'ai fait, entre autres, comme on le sait, la bataille d'Alger.

Je peux témoigner de ce que je n'ai jamais vu le moindre acharnement sadique de la part de ceux qui procédaient à des interrogatoires, même musclés.

Non, tout ce que j'ai vu, ce sont des soldats, des vrais, conscients de leur devoir et de leur responsabilité. Ils mettaient tout en œuvre pour épargner le plus possible de vies innocentes, pour sauver du carnage que projetaient les terroristes du FLN, le plus possible de victimes potentielles, afin que le dernier mot ne reste pas à des hommes qui ne respectaient rien, même pas leur propre peuple.

J'ai reçu et continue de recevoir un courrier très volumineux de militaires qui ressentent cette attitude de Jacques Chirac comme un incroyable lâchage.

Jacques Chirac a fait de la France une scène de spectacle comme le ferait Johnny, pour lequel, soit dit en passant, j'ai beaucoup de sympathie.

Il a fait de la vie politique du pays une sorte de show monté par son équipe rapprochée, une espèce de monarchie familiale dans laquelle il a placé des bons spécimens d'artistes et de sportifs. J'ai d'ailleurs, pour certains d'entre eux, beaucoup de respect, chacun dans leur domaine, et j'aurais certainement fait le même choix.

Ce «jeu» politique qui ne me plaît pas, mais alors pas du tout, Chirac et les siens l'ont poussé jusqu'à la plus extrême limite. Car jouer avec la politique, quand on est un élu du peuple, quand on a reçu l'onction du suffrage universel, c'est jouer avec les Français, c'est jouer avec la représentation nationale. Une chose sacrée pourtant, à laquelle on ne touche pas, ou à laquelle du moins on ne devrait pas oser toucher.

Or Chirac est coutumier du fait.

Déjà, en 1988, il avait joué avec l'émotion et la peur des Français à l'occasion de l'élection présidentielle. De la libération des otages français détenus au Liban à la grotte d'Ouvéa, les électeurs ont été servis. Mais tout cela, en pure perte : Chirac n'a pas été élu et a entamé une traversée du désert qui a duré presque dix ans.

Il s'est fait oublier quelque temps et il a eu raison.

Rebelote en 2002. Cette fois, c'est avec les préoccupations, d'ailleurs tout à fait légitimes, des Français en matière d'insécurité que Chirac a joué.

Résultat : le 21 avril 2002, un séisme sans précédent dans la vie politique du pays. Pour la première fois, un candidat d'extrême droite était présent au second tour de l'élection présidentielle, même si ses idées étaient, et demeurent, très minoritaires dans le pays.

Au début de ce chapitre, je disais que la France s'écroulait. Mais c'est à des symptômes de ce type, graves pour une démocratie, que l'on peut constater que oui, décidément, quelque chose ne tourne pas rond dans la France du début du XXIe siècle.

Le 21 avril 2002 : combien de livres, d'articles, d'émissions sur la question ?

Beaucoup, beaucoup trop sans doute. Tout le monde y est allé de son commentaire, de son diagnostic, de son analyse. Pourtant, il y a une date beaucoup plus importante pour moi, une date dont personne ne parle, alors qu'elle mériterait d'être mise au premier plan des signes de notre déclin manifeste.

Cette date, c'est le 5 mai 2002, deux semaines jour pour jour après le coup de tonnerre du premier tour de l'élection présidentielle.

Que s'est-il passé ce jour-là ?

Place de la République, un lieu chargé de symbole, après l'annonce des résultats qui disaient, sans surprise, que Chirac venait d'être élu pour un second mandat, on a pu voir des jeunes, des jeunes des banlieues comme on dit, brandir et agiter des drapeaux algériens et marocains. Oui, les drapeaux de ces deux pays du Maghreb, alors qu'on fêtait la victoire du président français, élu par les Français !

Et les images que j'ai pu voir ce soir-là sur mon poste de télévision m'ont stupéfait.

Je revois encore la scène.

La place de la République sous une pluie battante, au crépuscule. Un orchestre de raï, cette musique algérienne très prisée, paraît-il, des jeunes.

Jacques et Bernadette, trônant sur une estrade surmontée par une sorte de dais, donnaient une impression de monarchie de pacotille, une famille royale du pauvre.

Lui, avec son masque bien connu des Français. Elle, Bernadette, contenant à peine sa rage, assassinant du regard ceux qui agitaient des drapeaux maghrébins. Pour le coup, on peut la comprendre.

Tout cela donnait l'image d'une fin de règne, alors que Chirac entamait un nouveau mandat !

Ce faux succès, il le devait à une grosse partie de ceux qui ne voulaient pas voter pour l'extrême droite et qui n'avaient donc pas d'autre choix que de voter pour lui.

Autre exemple de tentative de récupération, à son profit, de la vie politique du pays : le 29 mai 2005.

C'était à l'occasion du référendum portant sur le projet de Constitution européenne.

Un texte conçu sous la direction de Valéry Giscard d'Estaing, un homme qui, en matière d'engagement européen, n'a plus rien à prouver, et depuis longtemps.

Ce texte, j'ai voté contre, parce qu'à mes yeux il ne répond pas à l'attente des citoyens de l'Union européenne. Je revois Chirac et Schröder, se tenant la main, se congratulant d'être les leaders de l'Europe. Or la France et l'Allemagne étaient malades. L'association de deux malades n'a jamais donné la santé !

Ce projet de Constitution, Chirac aurait pu le faire approuver par les deux Chambres du Parlement, réunies en Congrès à Versailles, comme cela se fait pour tous les textes importants.

Eh bien non ! Pour mettre le PS, très divisé sur la question, en difficulté, il a préféré le soumettre à l'approbation du peuple français, par référendum.

Il était certain que sa manœuvre passerait comme une lettre à la poste et que le « oui » l'emporterait. Même dans ses pires cauchemars, il ne pouvait pas prévoir la victoire du « non », ni surtout une victoire du non d'une telle ampleur : près de 55 % de votes négatifs !

Or son coup de bluff a échoué, laissant la France en difficulté face à ses partenaires européens. Je l'ai vu quelques jours plus tard, rebondissant, sûr de lui et déclarant avec force : « Tant mieux, cela va nous permettre d'y voir plus clair » !

Eh bien oui ! comme on l'a compris, Jacques Chirac ne correspond pas à l'idée que je me fais d'un président de la République.

Quand j'ai été promu au grade d'officier de la Légion d'honneur par le président René Coty, j'avais l'impression d'être en face d'un dieu, ou presque.

Pourtant, René Coty avait beaucoup moins de pouvoir qu'un président de la Ve République. Mais cela ne changeait rien pour moi. Il représentait la France et, de par sa fonction, il revêtait à mes yeux un caractère sacré.

Voilà pourquoi celui qui exerce cette charge doit s'efforcer d'en être digne, de la mériter.

Jacques Chirac n'a pas la main heureuse et ne sait pas toujours s'entourer des meilleurs.

Dans les années quatre-vingt, c'était Balladur, « l'ami de trente ans ». Et quel ami ! À peine installé au pouvoir en 1993, il n'a eu de cesse de supplanter celui qui l'avait fait politiquement.

Un comportement assez habituel, il faut bien le dire, dans le sérail politique.

Les années quatre-vingt-dix ont été les années Juppé.

Il y avait eu « l'ami de trente ans ». L'heure était désormais au « meilleur d'entre nous ». Place à une bête à concours, plus à l'aise dans les épreuves de l'ENA qu'au contact du peuple de France, le vrai, celui qui n'a pas forcément poursuivi de longues études. Et ce « meilleur d'entre nous », nommé Premier ministre en 1995, s'est fait détester des Français comme peu d'hommes y sont parvenus.

Élu sur un programme de baisse des impôts, Chirac, avec le gouvernement Juppé, a infligé au pays un matraquage fiscal que la France n'avait jamais connu.

La gabelle et la taille de l'Ancien Régime représentaient des fariboles en comparaison de « l'impôt Juppé ». Mais les années

Juppé furent aussi celles du plus grand mouvement social en France depuis Mai 68. Des conflits à répétition, tous les services publics en grève. À nouveau, nous avons fait l'expérience d'un pays paralysé, en temps de paix.

La dernière foucade de Chirac, son dernier béguin politique, sa tocade du moment, c'est notre actuel Premier ministre, Dominique Galouzeau de Villepin.

Oui, celui-là même qui, en 1997, conseilla à Chirac la dissolution de l'Assemblée nationale !

Bref retour en arrière. Cette Assemblée avait été élue en 1993, au plus fort de la grogne antisocialiste dans le pays, quand les Français auraient voté pour n'importe qui si l'homme s'était engagé à mener une politique antimitterrandienne.

Depuis juin 1968, où le contrecoup de Mai 68 avait porté une majorité de droite écrasante, un raz de marée gaulliste, jamais la Chambre basse du Parlement n'avait connu une telle majorité de droite.

C'était inespéré et, une fois élu président de la République en 1995, Chirac pouvait se targuer de contrôler tous les pouvoirs, aussi bien exécutif que législatif. Mais, c'était compter sans les brillantissimes idées de M. de Villepin.

Secrétaire général de l'Élysée et conseiller le plus influent de Chirac, il persuada ce dernier qu'il fallait créer un choc dans l'opinion, dépoussiérer la vie politique française.

Ah ça ! pour un choc, ce fut un choc !

Une très confortable majorité de gauche, qui n'en espérait pas tant, élue à l'Assemblée et Jospin nommé Premier ministre. Chapeau !

« La poésie s'engage donc dans des labyrinthes qui sont autant d'ombilics pour nourrir d'autres altérités », ou encore *« la trace n'est plus que lacération quand elle dessinait une veine féconde, un fleuve de riches allusions et compréhensions »*.

D'où sort ce langage réservé aux érudits ?

De la plume de M. de Villepin, tout simplement, dans un ouvrage paru en 2003, *Éloge des voleurs de feu*.

Je n'invente rien et ceux qui auraient du mal à me croire peuvent vérifier sur pièces.

Alors, au-delà de cette caricature, c'est vrai que j'enrage un peu quand je vois que, une fois encore, et dans une situation de crise politique, morale, économique et sociale très grave, Chirac a nommé pour gouverner le pays un homme choisi pour sa fidélité inconditionnelle.

D'ailleurs, et c'est bien là le problème, le pays est-il gouverné ?

On peut dire qu'actuellement, trois hommes dirigent la France, si tant est qu'elle soit dirigée.

Chirac et Villepin, bien sûr. Mais aussi, et de plus en plus, Sarkozy.

Or on ne peut pas tenir à trois sur la plus haute marche du podium ! C'est impossible !

Un seul homme, un vrai, un de Gaulle d'aujourd'hui pourrait relever la France, mais seulement lorsqu'elle sera tombée encore plus bas.

Plusieurs points rapprochent Dominique de Villepin de Nicolas Sarkozy. Ces deux hommes, à la fois jeunes et très ambitieux, on ne le redira jamais assez, ont en commun une certaine imprudence.

On entend souvent dire que Sarkozy est lui-même son propre ennemi. Si l'on se souvient de l'élection présidentielle de 1995, on est forcé de reconnaître qu'il y a une grande part de vrai dans cette affirmation.

Il avait toutes les cartes en main. Tous les médias roulaient pour Balladur, du *Monde* à TF1 en passant par *Le Figaro*.

Pourtant, en dépit de cette conjonction exceptionnelle d'atouts, Balladur et son premier lieutenant, Sarkozy, ont été battus.

Aujourd'hui, quand je vois notre ministre de l'Intérieur sauter d'une ville à l'autre, d'une chaîne télé à une autre, je me demande s'il n'en fait pas un peu trop, s'il n'y a pas derrière tout cela beaucoup plus d'agitation que de résultats, beaucoup de bruit pour rien en d'autres termes.

Cette imprudence, elle se manifeste aussi dans leur hâte d'arriver aux buts qu'ils se sont fixés. Sarkozy aspire déjà aux plus hautes destinées politiques et le dit à qui veut l'entendre. Lui comme Villepin oublient un peu trop facilement qu'on ne doit parler que quand on est sûrs de son affaire, et pas avant.

Quand je vois Villepin s'engager, comme il l'a fait dans sa déclaration de politique générale à l'Assemblée nationale, à «assurer un emploi à chaque Français» et se fixer un délai de cent jours pour prendre des mesures radicales de redressement pour notre pays, je me demande s'il est inconscient, à force d'être déconnecté de la vie du pays réel.

Le péché mignon de Nicolas Sarkozy est un peu différent. Lui se déclare candidat à la présidentielle de 2007 deux ans avant l'échéance et il a même planifié tout son calendrier en fonction de cet objectif, son but suprême : démission du gouvernement fin 2006 au plus tard, afin de lui laisser le temps de se préparer à l'épreuve électorale, et aussi afin de se présenter devant les suffrages des Français plus « vierge » politiquement que ne le serait un ministre en exercice.

Pourtant, et il est bien placé pour le savoir, en deux ans, il peut se passer beaucoup de choses. Tel qui jouit d'une cote de popularité flatteuse à un moment donné n'est jamais assuré de la conserver très longtemps. Ce que je lui reconnais, néanmoins, c'est d'être un aiguillon qui pique régulièrement, là où ça fait mal, avec pour projet, le changement radical.

Et dans ce cas, je suis d'accord.

Aussi, en conclusion de ce chapitre, j'avoue que je suis tout de même pessimiste sur le plan politique pour notre avenir.

Je cherche l'homme providentiel.

CHAPITRE IV

La France de 2005
État des lieux social

Dans le chapitre précédent, j'ai dressé un état des lieux politique de notre pays. Le lecteur a compris, j'imagine, à quel point la situation me semble dégradée dans ce domaine. Ce constat, je le fais à regret mais la lucidité m'y oblige.

C'est un fait, dans la France de 2005, l'expression démocratique traditionnelle et la représentation politique traversent une crise très grave. Or cette crise, évidemment, a des effets sur l'état social du pays, de la même façon que cet état social exerce bien sûr une influence capitale sur la vie politique. On ne sait pas qui commence, de l'œuf ou de la poule !

Pour qu'un système politique et social, quel qu'il soit, fonctionne, il est indispensable qu'il emporte l'adhésion d'une majorité de membres de la communauté concernée. Cela paraît bête, mais c'est une évidence et on le sait depuis la nuit des temps.

Or cette adhésion ne peut procéder que de deux sentiments et seulement de deux : la foi en son pays ou bien l'intérêt.

Combien de Français croient encore, sincèrement, à la vertu de notre système, à sa légitimité ?

Pour la plupart de nos concitoyens, la société française est devenue une foire d'empoigne dans laquelle il faut à tout prix tirer son épingle du jeu.

Je suis bien obligé de constater que de moins en moins de Français croient aux vertus de notre démocratie telle qu'on a pu la connaître dans la première moitié du siècle dernier.

Pour une écrasante majorité, rappelons-le, ce système est un dû, un état qui nous est donné une fois pour toutes. Parce qu'ils n'ont pas eu à lutter pour préserver notre forme de société, ils ignorent ce que sont le sacrifice et le don de soi, ils ignorent ce que se battre veut dire :

Se battre contre ceux qui voulaient limiter le droit de vote à une élite économique, ou seulement aux hommes, en ignorant les femmes.

Se battre contre l'armée d'un pays voisin qui avait envahi notre territoire, libéré à grand-peine par des hommes qui ont pris des risques inouïs.

Se battre, une fois cette victoire décisive remportée, pour restaurer nos institutions républicaines, que l'État français du maréchal Pétain avait mises entre parenthèses.

Se battre pour qu'existent certains droits sociaux, des congés payés (même si je n'ai jamais abusé de mes permissions, il faut bien le dire… !), des indemnités pour ceux qui ne trouvent pas d'emploi, des soins médicaux accessibles à tous et presque gratuits.

Toutes ces conquêtes, les dernières décennies les ont détournées de leur sens et en ont fait un carcan, dans lequel la société française étouffe.

Ce système rigide et tentaculaire lui a fait perdre tout goût du risque, tout esprit d'initiative et d'entreprise, tout sens du défi.

Voilà pour ce qui est de la foi et de l'idéal.

Passons maintenant à l'intérêt.

Depuis une trentaine d'années, j'ai pu constater un phénomène préoccupant qui est devenu un véritable problème : de moins en moins de Français trouvent intérêt, justement, à défendre notre type de société.

On donne à cette évolution des noms différents selon les époques. Dans les années soixante-dix et quatre-vingt, on parlait de « nouvelle pauvreté ».

Depuis une dizaine d'années, on évoque plus volontiers l'« exclusion », ou la « précarisation ». Des mots différents pour qualifier un seul et même état de fait : la pauvreté !

J'habite à Toul, en Lorraine, une petite ville de province dans laquelle je suis né, où existait encore en 2005 un seul régiment : du train. Une ville comme il en existe tant dans l'est de la France, une localité qui vit des services, commerces et administrations, sans activité industrielle ou presque.

Eh bien, à Toul, depuis quelques décennies, on peut voir ce qu'on appelle des SDF, des « Sans Domicile Fixe ». Cela n'existait pas avant-guerre, je peux en témoigner.

Que cette évolution réservée à l'origine aux grands centres urbains ait pu toucher ma ville en dit long sur la déliquescence de notre tissu social, sur l'affaiblissement des liens de la solidarité traditionnelle et sur la progression d'un appauvrissement choquant dans un pays aussi riche et aussi développé que le nôtre.

Je ne suis pas né avec une cuiller d'argent dans la bouche. Je suis issu d'un milieu modeste, où l'on devait travailler dur pour gagner son pain quotidien. Mais dans ma jeunesse, s'il y avait des gens aux revenus extrêmement faibles, à Toul, il n'y avait pas de vagabonds.

Si pauvre qu'on était, la famille, les amis vous aidaient. Personne n'était livré à lui-même, seul face à l'adversité, coupé de tout lien social comme le sont nos SDF modernes. Et, même pauvres, on restait intégré à une structure sociale. On se débrouillait grâce à la bienveillance de quelques notables, politiques ou autres, qui parvenaient toujours à vous trouver un emploi, même peu payé et pas forcément prestigieux. Mais un emploi au moins, pour maintenir la tête hors de l'eau, pour garder sa dignité.

C'est vrai qu'à l'époque on n'avait pas les mêmes exigences qu'aujourd'hui et qu'on n'attendait pas qu'une manne céleste vienne nous tirer d'embarras.

Voilà pourquoi, quand je vois l'état de désespoir social auquel tant de Français sont réduits, je ne peux pas m'empêcher de penser que notre société part de plus en plus à la dérive et qu'on assiste à la fin d'une époque. Comme un cycle qui se terminerait, laissant un pays à bout de souffle, condamné à trouver, à inventer, une nouvelle forme d'organisation sociale.

Voilà pourquoi aussi je ne me fais pas beaucoup d'illusions : les heures de notre système sont comptées, même si je ne serais probablement pas témoin de son explosion, compte tenu de mon âge.

Le tout premier devoir d'une société vis-à-vis de ses membres, je viens de le souligner, c'est de les intégrer dans une structure au sein de laquelle ils ont une place, un rôle à jouer. Et cela aurait dû être fait depuis longtemps, au risque de s'exposer au plus grand désordre.

Quel est son deuxième devoir, celui dont découle tout le reste ? C'est la sécurité. La sécurité des biens et, surtout, bien sûr, la sécurité des personnes.

Sur ce chapitre, je dois dire que la France contemporaine a longtemps laissé les choses aller à vau-l'eau. Actuellement, on tente bien de reprendre le contrôle de la situation, mais il me semble que c'est trop tard ! Un calme relatif et apparent, un jour, permet au monde souterrain de se reconstituer dans l'ombre.

Dans notre pays, l'insécurité est galopante, sous toutes ses formes. Cela va de la simple incivilité de certains jeunes aux attentats terroristes. Et s'ajoute tout ce que tout le monde connaît, vit ou lit dans les journaux : les incendies de voitures, de bus, de magasins, les saccages de tous ordres et les véritables combats de rues avec son cortège de violences des banlieues parisiennes d'octobre 2005 dans les cités des grandes villes de toutes les régions, les agressions multiples avec tirs à balles réelles, les règlements de comptes, etc., je pourrais hélas égrener le chapelet des misères de l'insécurité que nous vivons pendant des livres entiers.

Les incendies de voitures : leur nombre explose littéralement, c'est presque devenu un sport national. Auparavant réservé aux jours de fête, nuit de la Saint-Sylvestre ou célébrations du 14-Juillet, ce sport est maintenant devenu le but des sorties nocturnes du week-end ! Et je n'indique que les chiffres des jours banals, des nuits « normales » !

Le phénomène s'étend, fait tache d'huile.

Le problème n'est plus circonscrit aux quartiers déshérités de la banlieue de Strasbourg, comme cela a longtemps été le cas.

En Île-de-France, plus de 400 véhicules ont servi à célébrer en feux d'artifice le 14 juillet 2005, contre 250 en juillet 2004 et, surtout, 130 en juillet 2001. Dans la banlieue lyonnaise, plus de 800 voitures brûlées entre janvier et septembre 2005.

Et que dire des véritables émeutes des banlieues parisiennes qui ont éclaté à Clichy-sous-Bois pour s'étendre à plusieurs communes avoisinantes, puis à toute la France, où plusieurs centaines, voire plusieurs milliers de voitures ont brûlé chaque nuit !

Entre le 1er janvier 2005 et le 30 octobre de la même année, soit en dix mois, c'est un total inouï de 28 000 véhicules qui ont été brûlés en France. Vous avez bien lu, il ne s'agit pas d'une faute ou d'une coquille d'imprimeur, non ! C'est bien 28 000 véhicules qui sont partis en fumée dans l'Hexagone !

Puis les écoles, les salles de sport ont subi le même sort, les commissariats, les magasins petits ou grands, les églises, et même des immeubles d'habitation. Jusqu'à devoir décréter l'état d'urgence et le couvre-feu, dans certaines communes, comme à l'époque de la guerre d'Algérie !

On voit le chemin parcouru par ceux qu'à une époque, les hommes politiques qualifiaient du doux nom de « sauvageons », et que l'on a pas le droit d'appeler par des termes plus justes sous peine de passer pour « réactionnaire », alors que les meneurs constituent de vraies bandes criminelles organisées !

Du coup, cela fait oublier certaines agressions récentes dont l'une en particulier trouve en moi un écho profond.

C'est celle dont ont été victimes plusieurs jeunes filles, élèves à l'Institut de la Légion d'Honneur, à Saint-Denis, dans la banlieue parisienne.

Ce pensionnat, fondé par Napoléon dans l'ancienne abbaye de Saint-Denis, à proximité immédiate de la basilique qui abrite les tombeaux de nos rois (j'insiste... les tombeaux des rois de France !), n'est pourtant pas situé dans un quartier « sensible ».

Il se trouve en plein centre ville, dans de magnifiques bâtiments du XVIIIe siècle, agrémentés d'un parc immense, partiellement ouvert au public en été. C'est la suite directe de la maison d'éducation de Saint-Cyr, fondée par Louis XIV et Madame de Maintenon pour les jeunes filles issues de la noblesse pauvre.

Eh bien ces jeunes filles sont souvent agressées dans les rues, au moins verbalement, au point de devoir renoncer à porter leur uniforme pour aller dans la ville. Ne parlons pas de prendre le RER ou le métro ! Pour celles qui auraient la témérité de ne pas vouloir se fondre dans la masse des voyous du cru, cela relèverait de l'inconscience.

Je veux bien croire que leur style de demoiselles « bien élevées » tranche avec celui du milieu environnant. Mais ce sont des filles et petites-filles, pour la plupart, de chevaliers ou d'officiers de la Légion d'honneur ou de l'ordre national du Mérite, d'hommes qui, à un titre ou à un autre, se sont distingués au service de la France.

On doit le respect à tout un chacun et bien sûr à n'importe quelle femme ou jeune fille, cela va de soi ; je suis, dans ce cas, d'autant plus révolté que je me sens particulièrement concerné étant moi-même Grand-Croix de la Légion d'honneur.

D'autres faits divers, encore frais dans toutes les mémoires, viennent rappeler, pour ceux qui auraient tendance à l'oublier, que la France est de moins en moins sûre, et que se développent des zones de non-droit inquiétantes. Des zones dans lesquelles la police ne peut plus pénétrer et où l'autorité de la République ne peut plus s'exercer.

Et ces zones prolifèrent tel un cancer dont les métastases mortelles rongent notre pays.

À Perpignan, échauffourées meurtrières entre la communauté gitane et la communauté maghrébine.

Cité des 4000, à La Courneuve, en Seine-Saint-Denis, le fameux « 9-3 », comme on dit maintenant, autres heurts entre communautés. Cette fois, le règlement de comptes opposait la communauté comorienne à la communauté maghrébine. Résultat : un gamin tué « par erreur », parce que sa sœur refusait de se soumettre à la loi de la cité.

Elle souhaitait prendre sa vie en main et la mener à sa guise, comme une adulte, sans avoir de comptes à rendre à de prétendus « grands frères » qui ne sont que la version locale des talibans !

Encore heureux pour elle, d'ailleurs, qu'elle n'ait pas été violée, ni brûlée vive dans un local à poubelles, comme cela a pu arriver dans la même zone.

Pour qu'un pays soit une nation digne de ce nom, il faut que l'idée de citoyenneté prenne le pas sur les communautés, sur les groupes qui s'y constituent, comme s'ils étaient chez eux, vivant selon leurs traditions.

La République une et indivisible, mère des droits de l'homme, ne reconnaît aucune communauté, quelle qu'elle soit. Elle n'a à connaître que des citoyens, égaux entre eux. Alors bien sûr, l'explosion du communautarisme me tourmente beaucoup, car j'y vois la fin d'une certaine idée de la France et la fin d'une civilisation, d'un modèle d'intégration.

Cette civilisation avait su intégrer à la perfection nombre de Polonais, Belges, Italiens, Espagnols ou Portugais, venus dans notre pays pendant la première moitié du XXe siècle.

Des peuples européens et catholiques, comme les Français, me dira-t-on ?

À cela je réponds que la France, ma France, a aussi su intégrer à merveille des centaines de milliers de juifs. Qu'ils viennent d'Europe centrale et orientale, comme tous ceux qui fuyaient les persécutions antisémites dans leur pays, ou d'Afrique du Nord, comme les rapatriés d'Algérie, de Tunisie ou du Maroc.

Non, le problème, en matière d'intégration, car il y a un sacré problème, c'est l'islam. Je n'ai rien contre cette religion, je m'empresse de le préciser.

C'est la religion des vagues d'immigration les plus récentes dans notre pays. Car, du Maghreb ou d'Afrique Noire, d'Algérie ou du Mali, les immigrés des vingt ou trente dernières années sont, dans leur écrasante majorité, de confession musulmane.

Il s'agit d'une civilisation que je connais bien : je n'ai pas servi tant d'années en Algérie pour ne pas connaître, par expérience personnelle, l'univers mental et culturel de l'islam.

Cet univers, selon moi, est profondément et irrévocablement rétif à l'idée de laïcité telle que nous la connaissons.

Nos civilisations chrétiennes restent marquées par la parole du Christ : « Rendez à Dieu ce qui est à Dieu, et à César ce qui appartient à César. »

Rien de tel dans la mentalité musulmane.

En terre d'islam, à peu d'exceptions près, prévaut une confusion totale entre le religieux et le politique, un refus obstiné de distinguer les deux ordres, d'établir entre eux un cloisonnement qui permette à la société civile de s'épanouir. Dans la plupart des pays arabes, l'islam est la religion d'État.

On le voit dans de nombreux États :

– l'Arabie Saoudite, une théocratie moyenâgeuse où la police religieuse dirige, de fait, le pays.

– L'Iran, la première en date des républiques islamiques, qui, depuis une vingtaine d'années, avec l'ayatollah Khomeyni et les ayatollahs qui lui ont succédé, a donné une nouvelle actualité à ces conceptions politiques d'un autre âge, selon lesquelles le fait religieux doit englober la société dans sa totalité.

– L'Irak aujourd'hui, où chiites et sunnites se déchirent, chacun pour imposer au pays sa propre vision de l'islam et de ses exigences politiques.

– L'Afghanistan, avec les talibans de sinistre mémoire, qui contrôlent encore, soit dit en passant, une bonne partie du pays.

Ces talibans ont été portés au pouvoir, on oublie trop souvent de le dire, par une population en liesse qui voyait en eux des libérateurs, des sauveurs, qui allaient enfin établir une société fondée sur les valeurs léguées par le Prophète.

– Et même le Maroc, pays qui fait pourtant figure, depuis toujours, de peuple modéré dans le monde arabo-musulman ! Ce Maroc que j'aime, si cher à Lyautey, l'un de mes modèles en matière de commandement.

Eh bien, au Maroc, le roi est Commandeur des Croyants, calife si l'on préfère. Il ne prétend pas au califat sur la planète entière, comme le faisait l'empereur ottoman de Constantinople.

Non, il n'est calife que pour ses sujets. Là encore, on ne peut que le constater : confusion totale, absolue et volontaire entre le politique et le religieux.

Et, du temps du sultan chérifien précédent, le roi Hassan II, qui ne se souvient du faste avec lequel avait été inaugurée la grande mosquée de Casablanca, qui possède le plus haut minaret au monde ?

Même s'il s'agit d'un formidable édifice (construit par le groupe français Bouygues), cette mosquée est l'emblème du mélange des pouvoirs, politiques et religieux.

– Il n'y a guère que la Tunisie qui se distingue par sa volonté de laïcité, où le port du voile pour les filles est interdit dans les écoles et les universités. Il faut dire que Bourguiba a beaucoup fait pour l'émancipation de la femme, grâce à son épouse française qui n'a cessé de multiplier ses efforts dans ce sens.

On en voit d'ailleurs le résultat positif aujourd'hui, puisqu'on sait bien que c'est la mère de famille qui transmet l'éducation aux enfants.

Autrement, Tunisie mise à part, en terre d'islam, les partisans d'une séparation de la religion et de l'État ont encore beaucoup de chemin à parcourir. Et un chemin semé d'embûches, plein de ronces et d'épines. Car les tenants de la vision traditionnelle de la société, quand ils se sentent trahis dans leur identité, ou dans ce qu'ils perçoivent comme tel, n'hésitent pas à tuer, à assassiner, à recourir au terrorisme.

Je reviendrai plus longuement sur ce thème, dans les pages qui suivent.

Dans le présent chapitre, à propos d'intégration, je veux insister sur la lutte, ouverte ou souterraine, des musulmans de France contre la laïcité.

Les musulmans de France sont, il faut le rappeler, la deuxième communauté religieuse du pays. Le double ou plus du double des deux autres religions minoritaires représentées en France de manière significative, le protestantisme et le judaïsme.

Cet islam de France est multiple. C'est une véritable mosaïque :

Des Français de souche convertis, souvent à l'occasion de leur mariage, aux imams imprécateurs des banlieues en passant par ceux qui pratiquent un islam traditionnel, plus culturel que religieux, on y trouve un peu toutes les sensibilités. En cela, il n'est pas différent des autres cultes présents en France.

Le problème, avec cet islam dit « de France », c'est qu'on peut à bon droit se demander quelle place il réserve à la conscience nationale parmi ses fidèles. Car – et ce n'est un secret pour personne – les lieux de culte musulmans en France sont souvent d'obédience étrangère.

Telle mosquée est tenue par les Algériens. Telle salle de prière est le fief des Marocains. Tel autre le bastion des Turcs. Tel centre culturel bénéficie d'un financement saoudien… On n'en finit pas.

L'islam « de France » ne peut être vraiment reconnu comme tel, à mon avis, que quand il aura coupé les ponts avec ses racines extra-nationales, ses racines étrangères, que quand il s'affirmera comme pleinement français.

Cet islam instrumentalisé par ses pays d'origine perpétue un esprit de ghetto, des affinités en relation avec la patrie de ses fidèles.

Dalil Boubakeur, le recteur de la Grande Mosquée de Paris, un homme que je respecte beaucoup par ailleurs, est très lié à l'Algérie. Ce n'est certes pas une découverte, mais je trouve cette situation à la fois fausse et malsaine. Elle concourt à maintenir des solidarités, des clans, en opposition totale avec les valeurs de la République et de la laïcité.

Ces musulmans sont avant tout français et ne devraient dépendre d'aucun pays étranger, n'être sous l'influence d'aucune république ni d'aucun royaume qui vit la religion à l'opposé de nos mœurs et de nos lois.

Je tiens à préciser que ce n'est pas parce que je parle de laïcité que je suis un républicain anticlérical dur et intraitable. Non, je ne suis pas un intégriste de la laïcité !

Je reconnais la place que la religion a tenue dans la formation de la France et de tous les pays européens. Et je respecte cette base chrétienne qui a beaucoup servi aux fondements de la France.

À force de vouloir faire l'unanimité dans tous les courants, spirituels et nationaux, de l'islam en France, on ne fait que caresser dans le sens du poil, les plus extrémistes, ceux qui ne veulent pas, et ils sont les premiers à le proclamer, respecter les lois françaises en matière de religion.

Et on voit le résultat.

Des jeunes des banlieues françaises, complètement paumés, qui vont s'entraîner en Afghanistan ou en Irak, après un lavage de cerveau effectué dans les règles par des « fous de Dieu » qui prêchent ouvertement la guerre sainte sur notre sol.

Pas étonnant que certains de ces Français aient fini à Guantanamo, impliqués dans les attentats du 11 septembre !

Autres symptômes, aussi inquiétants : à Trappes, dans la banlieue ouest de Paris, les cités sont devenues des sortes d'enclaves intégristes.

L'heure de la prière y est respectée par tous et la loi islamique s'applique aux femmes dans toute sa rigueur. Ces mêmes femmes qu'on a pu voir défiler, il n'y a pas si longtemps, dans les rues de la capitale, proclamant à la face du monde que le port du voile était leur liberté la plus précieuse !

Car c'est bien de cela dont il s'agit. Une infiltration progressive des esprits, afin de banaliser l'inacceptable, de rendre évidentes des conceptions qui relèvent du délire !

Récemment je me suis rendu à Paris. Je suis arrivé par la gare de l'Est, qui se trouve dans un quartier de forte immigration. J'y ai vu ce que je ne pensais pas voir un jour de ma vie :

En plein Paris, au cœur de la capitale, des femmes, en *burqa* noire, entièrement voilées. De la tête aux pieds, à la mode saoudienne, afghane ou iranienne. Ce serait acceptable si elles étaient citoyennes de pays islamiques. Hélas, de plus en plus, il s'agit, pour certaines, de Françaises que rien ne vient différencier, dans leurs droits et leurs devoirs, de toutes les autres Françaises.

Sauf que celles-là ont viré à l'islamisme radical.

Tout cela va trop loin.

On ne peut pas accepter de telles dérives.

La tolérance et le « respect de l'autre » ne peuvent pas consister à admettre des traditions rétrogrades et totalement étrangères à notre culture, à notre identité.

C'est comme l'excision des adolescentes, ou la polygamie.

Quand on décide de vivre en France et d'y faire venir sa famille, d'y élever ses enfants, on s'efforce d'en respecter non seulement les lois, c'est la moindre des choses, mais aussi les coutumes et les usages.

L'intégration, c'est cela, ou ce mot n'a plus aucun sens. L'intégration ne consiste pas à importer le mode de vie de son pays d'origine dans son pays d'accueil.

Cette évolution très préoccupante de notre corps social a son autre volet, son autre intégrisme, celui de la liberté individuelle exagérée, poussée à son extrême.

Je veux parler de l'évolution des mœurs, extrêmement brutale ces deux ou trois dernières décennies. Si l'on peut parler d'évolution, car j'attache plutôt à ce mot un sens positif, de mieux, de meilleur. J'appellerai cette évolution : dérive !

Parmi ces dérives frappantes, il y a ce qu'on appelle « le mariage homosexuel ».

Comme si une union vouée à la stérilité absolue pouvait porter le nom de mariage !

Les homosexuels avaient et ont le droit de vivre comme tout un chacun, mais de là à aller défiler sur des chars grotesques pendant la « marche des fiertés » (on ne dit plus la Gay Pride, ça fait plouc), pour revendiquer leur appartenance à cette communauté, il y a un pas !

Ils ne réclamaient pas une union civile, officielle, avec leur amant. Ils comprenaient qu'ils renonçaient à connaître les joies de la paternité et ne demandaient pas à toute force le droit d'adopter des enfants et de les élever dans le cadre d'un couple, pas vraiment structurant pour un gosse, j'en ai peur.

Ce ne sont sans doute que des détails, mais qui ont dû échapper à Noël Mamère lorsqu'il a uni, dans sa mairie de Bègles, le premier couple homosexuel à expérimenter ce « mariage » d'un nouveau type. En contravention avec la loi, d'ailleurs. Là, on nage en pleine confusion. Car le mariage ne relève pas d'une simple affaire privée, qui resterait confinée strictement au domaine de la vie privée !

Le mariage est un acte public, un lien qui engage les deux mariés vis-à-vis de la société tout entière.

Ce n'est pas une simple officialisation de l'amour qui lie deux êtres, quels qu'ils soient. C'est d'ailleurs pour cela que le mariage est, aux yeux de la République, un acte d'état civil et, aux yeux de l'Église, un sacrement.

Avec le mariage homosexuel, on a l'impression d'une sorte de suicide de la société ! Il y a une volonté de ne pas continuer à faire des enfants, de tarir la source de l'avenir, d'arrêter la reproduction, ce cycle que l'être humain reproduit depuis la nuit des temps.

C'est en quoi, pour moi, ce mariage homosexuel serait très grave. Cela n'a rien à voir avec de simples préférences sexuelles, qui sont ce qu'elles sont, mais qui n'ont pas vocation à créer une véritable communauté, une société à part, qui existerait à côté de la société des familles construites autour d'un couple homme femme, comme on la connaît depuis l'origine de notre civilisation.

Une autre dérive, perceptible depuis quelques années, me fait froid dans le dos. La volonté de n'avoir sur terre que des surhommes, surpuissants, gonflés aux hormones ou aux anabolisants, ou refaits à neuf, complètement, par le clonage.

C'est une véritable menace pour l'avenir. La société ne veut pas voir cette vérité, ne veut pas l'entendre. Comme une autruche, elle préfère cacher sa tête dans le sable plutôt que d'oser regarder la réalité en face.

Cette volonté de n'avoir sur terre que des « surhommes », beaux, grands, forts, intelligents, en pleine santé, risque de bouleverser l'humanité, pour viser à obtenir un homme parfait, bâti sur le modèle d'un idéal à la Schwarzenegger, par exemple, ou une femme splendide, refaite de la tête aux pieds, avec des mensurations de rêve.

Mais l'humanité, ce n'est pas forcément des êtres tous beaux, bâtis sur le même canon esthétique, nous le savons bien. Nous sommes tous différents, heureusement, avec les faibles et les forts, les beaux et les moches, les imbéciles et les intelligents, etc.

Cette uniformisation de la beauté commence par la chirurgie esthétique, que je ne critique surtout pas, mais va jusqu'aux performances sportives que l'on veut toujours plus fortes, plus exceptionnelles, pour finir par le clonage qui nous guette, chaque jour un peu plus.

À ce rythme des folies de certains scientifiques, un jour, l'homme va être construit à la manière de Frankenstein.

Dans le sport, on ne recule devant rien et on utilise n'importe quel produit, n'importe quelle substance pour devenir un champion, un surhomme.

Or il y a la nature et c'est cela justement qui fait que certains sont plus forts que d'autres. Bien sûr, il faut s'entraîner, avoir la volonté de se battre et de gagner. Mais de là à absorber n'importe quel produit pour devenir le plus grand et donc transformer artificiellement sa nature, non !

La vie est sacrée. Pourquoi vouloir tous ressembler aux héros, aux modèles définis par les téléfilms américains ?

En Italie, un professeur s'acharne depuis plusieurs années à faire en sorte de reculer la limite d'âge à laquelle la femme peut donner naissance à un enfant.

Son dernier exploit : une mère de famille vient de mettre au monde son premier enfant à soixante-six ans ! Est-ce naturel ? Et a-t-on calculé toutes les conséquences pour l'enfant ?

Et tous les essais de clonage limités encore aux animaux, mais que, ici ou là, on commence à accepter pour des organes, et qui, un jour, se termineront avec la reproduction d'êtres humains, tous conçus à la même image ?

Comme si l'homme voulait se substituer à Dieu, décider de son physique, ou de la naissance, du visage et du caractère qu'il donnera à ses enfants !

Comme s'il voulait pouvoir tout maîtriser, dans un aveuglement de toute-puissance qui sera catastrophique pour notre société !

Déjà les nazis, dans ce domaine, avaient commencé leurs expériences. Heureusement que nous les avons arrêtées dans leurs folies.

N'allons pas recommencer ce que nous sommes parvenus à stopper.

Pour clore ce chapitre – revue rapide de certaines dérives ou évolutions sociales récentes qui me semblent des plus dangereuses –, j'aimerais aborder un sujet à la limite du social et de l'économique, un sujet crucial pour l'avenir de notre pays. Pour les générations qui nous succéderont, et qui devront porter ce fardeau que nous leur laissons.

Il s'agit de la dette.

La dette publique. Ces dernières années, elle a littéralement explosé en France. La dette des administrations s'élève actuellement à 1 067 milliards d'euros, très précisément !

Un record, qui ne permettra évidemment pas à la France de satisfaire aux fameux critères de Maastricht sur le déficit budgétaire.

Ce chiffre n'est peut-être pas très parlant. Il le devient beaucoup plus quand on sait que, pour honorer le service d'une dette de cette ampleur, c'est-à-dire le capital et les intérêts, il faut débourser chaque année entre 45 et 50 milliards d'euros. Soit une somme qui engloutit la totalité de l'impôt sur le revenu et, surtout, qui constitue le premier poste de dépense dans le budget de la France. Avant la Défense, avant l'Éducation nationale ! Deux budgets voraces, pourtant.

Cette énumération peut paraître un peu sèche. Mais, quand on parle chiffres, il faut être précis.

Or la dette de notre pays ne se limite pas à celle des administrations publiques, État et collectivités locales. Il faut y ajouter la dette de la Sécurité sociale, notre très chère Sécu.

Et, là encore, les chiffres ont franchement viré au rouge. Malgré la réforme insuffisante de Douste-Blazy, le problème n'a pas été réglé. On est loin du compte. En 2005, le déficit sera aussi important qu'en 2004. Soit une somme comprise entre 11 et 12 milliards d'euros. Une paille…

Avec cependant une douceur supplémentaire : le Fonds de solidarité vieillesse et le Fonds de financement des prestations sociales agricoles, abonnés aux excédents jusqu'à présent, seront cette année, eux aussi, déficitaires. Respectivement de 2 milliards et de 1,5 milliard d'euros. Après nous le déluge…

Résumons :

– des comptes dans le rouge partout, rien que pour le déficit du budget de l'État : 50 milliards d'euros, ce qui occasionne un déséquilibre des comptes publics compris entre 3,5 et 4 % du PIB, alors que les critères de Maastricht exigent de ne pas dépasser les 3 %.

– Des comptes en folie pour la Sécu, d'autant plus qu'on ne sait plus très bien quoi inventer pour la renflouer.

– Des collectivités locales, au budget d'habitude excédentaire, réduites à trouver en catastrophe la somme qui leur manque, soit entre 1 et 2 milliards d'euros cette année.

– Et l'Unedic, le régime d'assurance-chômage, qui n'est pas en reste, avec un besoin de financement de 4 milliards.

Voilà une sacrée ardoise qu'on laisse aux générations futures. Juste pour boucler les fins de mois difficiles de nos administrations diverses et variées.

Alors quand je dis qu'on est vraiment sur la mauvaise pente, qu'on ne me reproche pas d'être un éternel râleur.

On ne construit pas l'avenir à crédit.

Le budget d'un pays, c'est comme celui d'une famille : quand les caisses sont vides, on se serre la ceinture. Et il est grand temps de le faire à l'échelon national ! Faute de quoi on entre dans un engrenage infernal dont on aura par la suite le plus grand mal à sortir.

J'espère être entendu par nos dirigeants, même si je n'y crois guère. Mais surtout, j'espère me tromper sur l'avenir de la France.

Hélas, là aussi, je ne pense pas faire erreur.

CHAPITRE V

Grandeur de la France

La Grande France, ou ce qui subsiste de l'influence française dans le monde, subit, sur la scène internationale, un déclin manifeste. Cette « Grande France » comporte, en tout premier lieu, les DOM-TOM.

C'est également, compte tenu de l'héritage de l'histoire, les liens très particuliers de notre nation avec le monde arabe.

C'est aussi, bien évidemment, la construction européenne, un élément majeur du rayonnement français depuis maintenant un demi-siècle.

C'est, encore, l'Algérie, que j'aborderai séparément, en raison de mon parcours personnel mais aussi en raison des liens passionnels qui unissent la France à ce pays.

C'est, enfin, notre ancien pré carré africain. Ancien, dans la mesure où il nous échappe de plus en plus ; l'Afrique Noire francophone se tournant progressivement vers les États-Unis, voire vers les grandes puissances locales émergentes comme l'Afrique du Sud et le Nigéria.

Commençons par les DOM-TOM.

Disons-le tout de suite, je ne crois pas à la possibilité que nos territoires d'outre-mer se prennent en charge seuls avant longtemps et accèdent à la souveraineté. Ces îles ont trop besoin de l'apport financier de la France métropolitaine. Les liens sont beaucoup trop anciens et continus pour pouvoir connaître une telle évolution. Je pense, notamment, à ce que l'on appelait dans ma jeunesse les « vieilles colonies » : Martinique, Guadeloupe, Guyane, Réunion, sans oublier Saint-Pierre-et-Miquelon, notre poussière d'empire au large du Canada.

Dans le Pacifique, la situation est certes différente. Il y a les indépendantistes de Nouvelle-Calédonie, les seuls à même dans tous les DOM-TOM de changer la donne. Mais en Nouvelle-Calédonie, la communauté européenne est trop importante et influente pour que le choix de l'indépendance l'emporte dans un avenir proche.

Quant aux indépendantistes de Polynésie, ils réclament plus la fin de l'ère Gaston Flosse et la poursuite d'une politique visant à une autonomie déjà très étendue, que l'indépendance. Ils sont trop conscients de l'apport économique de la France dans ces îles du bout du monde. Je le répète, nos territoires d'outre-mer sont amarrés au vaisseau-amiral France, pour longtemps.

Non, ce que je crains, c'est une sorte d'oubli, due à des facteurs locaux autant qu'à la politique menée par Paris. On sait que, si la conscription a été abolie en métropole, elle subsiste dans certains DOM-TOM, sous une forme qui en fait un service civil, afin de répondre à l'énorme chômage des jeunes dans ces territoires.

On sait aussi que les prestations sociales locales ne sont pas au même niveau qu'en métropole, même dans les départements d'outre-mer. Elles incitent déjà suffisamment certains à vivre de cette sorte de rente, déjà très élevée, qui ne ferait que s'arrondir encore si on augmentait ces prestations.

Et là réside tout le problème, puisque le nombre de bénéficiaires d'allocations en tous genres explose dans les DOM-TOM.

Je suis malheureusement obligé de reconnaître que ces territoires n'ont pas su assurer leur développement économique de manière dynamique. La différence est très nette par exemple entre la Réunion et l'île Maurice. Deux îles voisines, la deuxième ayant d'ailleurs été une colonie française pendant des siècles, sous le nom d'Isle de France. Deux îles à la population également mélangée, Noirs, Blancs, Indiens, Chinois et métis : un véritable *melting pot.*

L'île Maurice, une ancienne colonie anglaise devenue indépendante en 1968, a su prendre en main son destin. Son niveau de développement est absolument incomparable avec celui de la Réunion voisine, alors que ces deux territoires connaissent pourtant les mêmes conditions géographiques, historiques, ethniques et économiques.

Maurice a su miser sur l'industrie légère, textile notamment, et sur un tourisme de très grand luxe, alors que la Réunion reste encore très dépendante du sucre de canne et d'un tourisme beaucoup moins développé que celui de sa voisine.

L'autre danger qui guette les DOM-TOM, c'est l'apparition et la pérennisation de certains potentats locaux, qui détournent au profit de leur clan tous les pouvoirs et toutes les ressources. Un risque que l'on a déjà connu en Guadeloupe et en Polynésie. On pourrait y ajouter également la Nouvelle-Calédonie. Sur ces sols, des « barons » exotiques, longtemps protégés par Paris, ont dû céder leur place. Mais je trouve regrettable que la métropole ait soutenu si longtemps, à bout de bras, des personnalités si contestées sur le plan de leur comportement, ne participant pas à rehausser l'image de la France dans ces contrées.

Puis il y a le monde arabe.

On sait l'importance que la politique arabe a revêtue pour de Gaulle, qui en avait fait l'un des axes majeurs de la présence française sur la scène mondiale. Une politique qui a été poursuivie par ses successeurs, de Giscard à Chirac en passant par Mitterrand.

On connaît, bien sûr, les liens très étroits qui ont longtemps unis Chirac et Saddam Hussein. Tout comme le soutien actif que la France n'a jamais cessé d'apporter à l'OLP, au risque d'entretenir des relations très « fraîches » avec Israël. Très récemment, personne n'a oublié l'opposition résolue de Chirac et Villepin à la croisade américaine en Irak et le regain de popularité qui en est résulté pour le président français.

Il faut se garder pourtant de tenir pour éternellement acquise la sympathie du monde arabe envers la France. Les otages français régulièrement enlevés en Irak sont un signe qui ne trompe pas.

Cette partie du monde est ravagée par le fondamentalisme, qui s'étend chaque jour un peu plus et qui risque de devenir bientôt la sensibilité dominante de l'opinion publique locale, si ce n'est déjà le cas.

Cette sympathie reste relative et changeante, le peuple arabe n'est pas complètement aveugle et sait très bien que les vraies solidarités de la France l'entraînent vers l'Amérique plutôt que vers Le Caire, Bagdad, Damas ou Gaza.

La France, je le crains, doit faire son deuil à terme de son influence dans cette partie du monde.

La grande aventure de la construction européenne, en revanche, donne à notre pays la possibilité de s'affirmer d'une autre manière sur la scène mondiale, en exerçant une influence à la mesure de son histoire sur son propre continent.

Dans ce domaine aussi, notre déclin ne peut être que constaté. D'une part, évidemment, l'élargissement progressif, de six pays à l'origine, à vingt-cinq actuellement, réduit mécaniquement l'ascendant que chaque État, pris individuellement, peut exercer sur l'ensemble de la communauté européenne.

Mais aussi parce que des facteurs spécifiquement français jouent contre nous et nous relèguent à un rôle mineur au sein d'une union que la France a pourtant vocation à diriger, avec les autres « grands pays » d'Europe : Allemagne, Grande-Bretagne, Italie et Espagne.

Le cœur de la prise de décision au sein de l'Union européenne c'est, bien sûr, Bruxelles ; et à Bruxelles, la Commission européenne est l'organe de décision le plus important des Vingt-Cinq.

Or, à la Commission, la France fait maintenant figure de pays mineur. C'est tout juste si Chypre, Malte ou la Slovénie n'y disposent pas de plus de poids, de plus de prestige et d'influence que nous !

La Commission a été renouvelée en août 2004, afin de prendre en compte l'élargissement qui, la même année, a fait passer l'Union européenne de quinze à vingt-cinq membres.

Au sein de la précédente Commission, la France disposait, en la personne de Pascal Lamy – un eurocrate socialiste très proche de Jacques Delors et de ce que l'on appelle la « gauche chrétienne » –, d'un des personnages les plus puissants de cet aréopage. Un « poids lourd ». Il y détenait le poste de commissaire au commerce extérieur. On peut imaginer l'importance d'un tel poste.

Au sein de la Commission actuelle, la France est représentée par Jacques Barrot. Un démocrate-chrétien bon teint, UMP, donc pas « de gauche ». Et quel secteur lui a-t-on attribué au sein de la Commission ? Celui des transports, c'est-à-dire un département tout à fait mineur. C'est d'autant plus cocasse que Chirac avait souhaité pour le commissaire français, soit le portefeuille de la concurrence, soit celui du marché intérieur.

Défaite sur toute la ligne, on le voit. Un véritable camouflet, pire, une insulte publique. Car le précédent titulaire, l'Espagnole Loyola de Palacio, disposait en plus du portefeuille de l'énergie ; donc deux responsabilités quand celle de Jacques Barrot se trouve réduite à la portion congrue.

Ceux qui se plaignent de cette situation, en France, et ils sont nombreux, se sont vu rabrouer vertement par Bruxelles.

Sur la situation de la représentation française, Nicole Fontaine, une grande dame de la construction européenne, ancienne présidente du Parlement européen, ancien ministre et actuellement eurodéputé UMP, ne mâche pas ses mots.

Elle reproche aux dirigeants français de n'avoir pas « une conscience suffisante de l'importance des institutions de l'Union et d'un travail d'influence très en amont ». Elle enfonce le clou, affirmant que « la France perd de l'influence au sein des institutions européennes depuis plusieurs années ».

Elle explique cette évolution inquiétante pour notre pays par son refus de respecter les règles communautaires et, surtout, par son retard pris dans la transposition des directives européennes dans le droit français. Un retard qui peut faire douter de la sincérité de l'engagement européen de la France. Un peu comme si, avec l'Europe, notre pays ne recherchait que des subventions agricoles, ainsi qu'un marché pour ses exportations. Une attitude dangereuse, on le voit, que la France n'a sans doute pas fini de payer.

Mais il n'y a pas que la Commission.

Dans les autres institutions européennes, la France perd régulièrement du terrain, se faisant distancer par les «petits pays» à la fibre européenne plus affirmée.

En août 2005, un autre Français aussi célèbre que médiatique, Éric de Montgolfier, s'est vu refuser un poste prestigieux à Bruxelles. Il postulait à la direction de l'Olaf, l'Office de lutte anti-fraude de la Commission européenne.

Il était l'un des trois Français candidats à ce poste, en compagnie d'un ex-magistrat de la Cour des comptes et du procureur général de Lyon qui bénéficiait de l'appui du gouvernement français. Or aucun de ces trois candidats n'a eu la moindre chance de succès auprès des «examinateurs» européens. Montgolfier n'a même pas été retenu parmi la poignée de candidats dont la Commission se réserve d'étudier le dossier plus longuement. Quant aux deux autres Français, malgré, ou peut-être à cause, du soutien peu discret du Quai d'Orsay, ils sont complètement passés dans les choux.

Avant cette déconvenue, notre pays avait déjà quelques beaux ratages à son actif: la direction de l'organisation policière européenne, Europol, pour laquelle un Allemand a eu la préférence, ainsi que celle de l'Agence européenne de l'armement où, cette fois, c'est un Anglais qui a hérité du poste.

Ces deux exemples prouvent que les explications avancées par la France pour tenter de justifier ces échecs, du type « nous sommes un trop grand pays, à qui les eurocrates ne veulent pas confier de hautes responsabilités », ne tiennent pas. Que dire alors de l'Allemagne et de la Grande-Bretagne qui obtiennent des portefeuilles à hautes responsabilités ; ce ne sont pas des nations lilliputiennes que je sache !

Peut-être avons-nous notre part de responsabilité. Je pense à ce défaut qu'a parfois la France de considérer les institutions européennes comme des placards dorés, des postes de prestige attribués en guise de récompense à des hauts fonctionnaires dont la compétence n'est pas toujours évidente rapportée aux fonctions qu'ils convoitent.

Les choix chiraquiens en matière de ministres des Affaires européennes sont d'ailleurs très éclairants à ce sujet.

Successivement, ont hérité de ce portefeuille Claudie Haigneré, une astronaute, puis Noëlle Lenoir, celle qui a permis à Chirac de définir une nouvelle « doctrine » en matière d'immunité présidentielle.

Quel rapport avec l'Europe ? J'ai beau chercher, je n'en vois vraiment aucun entre les compétences confirmées de ces dames et les responsabilités qui leur ont été attribuées.

Il n'y a plus que Jean-Claude Trichet, dirigeant la Banque centrale européenne à Francfort, qui conserve un vrai crédit auprès de ses partenaires membres des Vingt-Cinq. Il est aussi l'un des seuls de nos compatriotes à occuper un poste de cette importance. Car, récemment encore, les institutions européennes étaient souvent dirigées par des Français, notamment les plus prestigieuses d'entre elles :

Simone Veil et Nicole Fontaine à la tête du Parlement européen. Jacques Delors, bien sûr, à la présidence de la Commission, qu'il a durablement et profondément marquée de son empreinte. Un Européen convaincu, lui, et non pas un « touriste » considérant l'Europe comme une sinécure.

Le jeu de massacre est d'ailleurs loin d'être terminé puisque, en 2005, notre pays va devoir renoncer à deux postes de direction : celui des Transports, la direction générale qui coiffe notamment la libéralisation du rail européen, et celui des services juridiques, direction générale qui étudie les sanctions à appliquer aux États qui ne respectent pas les directives et autres normes européennes.

C'est bien à une véritable déroute française que l'on assiste, réduisant encore un peu plus notre capacité à agir sur le monde qui nous entoure.

Après les DOM-TOM, après le monde arabe, après l'Europe, un autre sujet me tient particulièrement à cœur : l'Algérie.

En Algérie, la France est par définition le repoussoir, le contre-modèle, ne serait-ce que pour ménager l'orgueil local, qui n'est pas mince, j'en sais quelque chose.

Mais le paradoxe est que nous sommes à la fois le rêve secret, l'eldorado que tant d'Algériens, surtout les jeunes, aimeraient ardemment rejoindre. La France, vue de là-bas, est encore synonyme de richesse, de liberté, de démocratie, d'accès à la modernité. Notre pays, juste en face d'Alger la Blanche, est devenu, pour beaucoup d'Algériens, une terre promise, à leur portée.

Depuis l'indépendance, bien sûr, les relations entre la France et l'Algérie ont connu des hauts et des bas, des crises, des soubresauts.

De nombreux sujets ont été l'objet de polémiques :

– Le contrôle du pétrole saharien, découvert par la France, et qui sera nationalisé par Alger,

– Son monopole tentaculaire des hydrocarbures.

– Les facilités militaires offertes à la marine française dans la base navale de Mers el-Kébir, près d'Oran, de triste mémoire, base que la Royale ne quittera que dans les années soixante-dix.

– Le sort des harkis et des rapatriés évidemment, l'Algérie se refusant à la moindre indemnisation de personnes qu'elle considère respectivement comme des traîtres et des exploiteurs colonialistes.

– L'entretien des lieux de culte et des sépultures des chrétiens et des juifs d'Algérie, un patrimoine chargé de sens et d'histoire pour tous ceux qui ont dû quitter précipitamment cette terre – et dans quelles circonstances...

– La place du français dans l'enseignement, l'arabisation à marche forcée de tous les secteurs éducatifs à partir des années soixante-dix ayant abouti aux résultats inverses à ceux initialement recherchés.

L'élite locale continue de parler couramment le français, ce qui lui permet de prétendre aux meilleurs emplois, alors que les classes moins favorisées socialement restent prisonnières d'un arabe dialectal qui n'ouvre aucune porte. C'est en effet l'arabe classique qui a été imposé dans l'enseignement en Algérie, une langue quasiment étrangère à beaucoup d'habitants de ce pays et notamment aux Kabyles. Ces Kabyles sont toujours suspectés d'être les « valets du néocolonialisme » et de lorgner trop ouvertement vers la France pour qu'elle défende le peu de libertés culturelles qui leur sont reconnues.

– L'enseignement de l'histoire pose également problème, la relecture de l'histoire algérienne par le FLN conduisant à un véritable travestissement de la vérité. Ce n'est pas avec des slogans comme ceux qui ont longtemps eu cours là-bas, tels que « un seul héros, le peuple », que les écoliers et étudiants algériens peuvent s'approprier leur passé et se projeter dans l'avenir.

Je fais évidemment allusion à la polémique récente qui a tendu les rapports franco-algériens à la suite des déclarations intempestives du président Bouteflika. Quand ce dernier déclare que « l'occupation – drôle de terme pour désigner la présence française en Algérie pendant plus d'un siècle – a foulé la dignité humaine et commis l'innommable à l'encontre des droits humains », il dérape complètement, il perd le sens des choses. Et il se livre à des amalgames que seule la volonté délibérée de nuire et d'insulter peut expliquer.

Je crois, d'autant plus, à une volonté de faire monter les enchères en agitant des symboles forts, des symboles qui parlent à tous les Français, que Bouteflika ne s'est pas arrêté en si bon chemin. Il est allé encore plus loin dans l'égarement, tenant des propos tout simplement inadmissibles et qui ne prouvent qu'une chose : la fragilité de son pouvoir face à la pression des généraux algériens qui l'ont adoubé, la nécessité dans laquelle il se trouve de se livrer à une surenchère permanente pour ne pas se faire doubler par plus nationaliste, par plus « patriote » que lui.

Je ne m'explique pas autrement ses outrances pitoyables évoquant le « génocide » commis par les Français, ou les « fours identiques aux fours crématoires des nazis » prétendument utilisés par notre armée. Le tout, avant de demander à la France un « geste ».

La question de Sétif mérite qu'on s'y attarde.

C'était une opération de maintien de l'ordre contre des assassins, menée dans un territoire français, soumis à l'autorité directe de la France. Le chantage de M. Bouteflika ne m'impressionne pas. La « cécité mentale » dont il accuse la France – qui, d'après lui, voudrait « falsifier l'histoire » – est un reproche qu'il devrait d'abord s'adresser à lui-même.

Ces exploits verbaux n'ont sans doute pas lassé M. Bouteflika qui a recommencé à la fin du mois de juin 2005.

En effet, à l'occasion de la célébration, à Tlemcen, du cinquantième anniversaire de l'Ugema (Union générale des étudiants musulmans algériens), le grand syndicat étudiant, le chef de l'État algérien a récidivé en comparant la loi française du 23 février 2005 évoquant « le rôle positif de la présence française outre-mer, notamment en Afrique du Nord » au « négationnisme » et au « révisionnisme ». Rien que ça ! Avant d'ajouter que le colonialisme était « un des plus grands crimes contre l'humanité que l'Histoire a connus ».

Ces déclarations incendiaires n'empêchent cependant pas la conscience si délicate de M. Bouteflika de solliciter, dans le même temps, le renforcement des investissements des entreprises françaises en Algérie, ni de négocier avec la France de nouveaux accords militaires.

Il n'est pas à une contradiction près !

Signe d'une normalisation longtemps attendue entre les deux pays, ces négociations scandalisent l'opposition algérienne qui y voit un soutien à peine déguisé au régime en place en Algérie. Un régime qui, pour moi, présente plus d'inconvénients que d'avantages.

Son seul avantage, d'ailleurs, est sa volonté de s'arrimer à l'Occident et de barrer la route aux « barbus », comme il l'a fait sans relâche, du moins officiellement, depuis 1992, quand les islamistes du FIS ont été renvoyés dans leurs foyers après leur large victoire électorale. Une victoire qui aurait pu faire basculer l'Algérie, du jour au lendemain, dans la sphère fondamentaliste.

Quant aux inconvénients, ils sont liés au régime autoritaire (le mot est faible) et liberticide qui, justement, fait le lit de l'intégrisme. Il n'y a pas de tentatives de démocratisation réelle, même dans ce pays. Et on brandit comme excuse les islamistes, pour qu'ils ne puissent pas fausser le jeu politique. On muselle alors impitoyablement la presse et ainsi la société reste profondément archaïque et corrompue. Autant d'éléments qui rendent plus efficace la propagande des intégristes.

Le gouvernement de Bouteflika est le type même de régime qui ne jouit plus d'aucune autorité morale, qui est totalement discrédité et ne bénéficie de soutien, dans la population, que parmi ceux qui ont un intérêt à le perpétuer.

La politique algérienne, tout au long de la décennie précédente, a été plus qu'ambiguë face aux islamistes. On connaît les provocations de l'armée et des services secrets, les doubles jeux criminels, les accommodements inavouables, les alliances contre-nature.

La seule chance de l'Algérie, c'est sa prodigieuse richesse, le pétrole et le gaz lui assurant des rentrées en devises qu'elle n'avait jusqu'alors jamais connues.

Il faut espérer pour ce pays qui m'est cher que ses dirigeants sauront en faire un emploi intelligent, en l'investissant dans des projets d'avenir comme l'éducation et la formation, et que la gabegie généralisée qui règne en Algérie depuis l'indépendance ne fera pas disparaître cette manne dans des réseaux occultes qui détournent toutes les ressources locales depuis maintenant plus de quarante ans.

Je termine ce paragraphe consacré à l'Algérie par une courte analyse géostratégique qui concerne directement notre pays. Je veux parler du spectaculaire rapprochement entre Alger et Washington par lequel les États-Unis ont déjà supplanté la France en Algérie dans le domaine de la coopération militaire.

Depuis le 11 septembre 2001, les Américains sont moins regardants sur la nature du régime de leurs alliés dans le monde arabe. Longtemps, dans le Maghreb, ce fut le Maroc qui faisait figure d'allié privilégié. Une monarchie très ancienne, un ancrage occidental au passé insoupçonnable, un chef d'État charismatique, le roi Hassan II, une vraie politique de démocratisation, un développement économique régulier et équilibré : tous les éléments étaient réunis pour faire de ce pays le « bon élève » de la zone.

Malheureusement pour lui, le Maroc n'a ni le poids démographique, ni le poids économique, ni le poids stratégique de l'Algérie.

Alors, à la suite d'un renversement d'alliances – dans la mesure où, pendant la première guerre du Golfe, l'Algérie en pinçait plutôt pour Saddam, alors que le Maroc était membre de la coalition occidentale –, les États-Unis ont décidé de miser sur Alger. Ils se sont engagés dans une coopération très étroite, qui permet à Washington de disposer d'une base militaire ultra-secrète en Algérie, non loin de Tamanrasset, dans les fins fonds du désert. Une facilité militaire octroyée aux Américains par Bouteflika en 2004 et qui permet à ces derniers un traitement préventif des activités terroristes, inimaginable il y a quelques années encore.

Cette base militaire est permanente et accueille 400 membres des forces spéciales américaines, ravitaillés par avion. Ils s'y livrent à une interception en règle des communications téléphoniques, satellitaires et électroniques de la zone, l'immense Sahara, difficilement contrôlable par des moyens classiques. Des « grandes oreilles » bien utiles pour contrôler ce type d'échanges, faire du renseignement et de la prévention dans le cadre de la guerre totale contre Al-Qaida et ses émules.

Autre signe de l'excellence des rapports américano-algériens, l'accord conclu récemment entre les deux pays pour la livraison d'équipements destinés à la lutte antiterroriste au profit de l'Algérie : montant, un milliard de dollars. Quand on connaît l'importance que les Américains accordent au contrôle des technologies avancées, distillées aux meilleurs alliés au compte-gouttes, on doit bien admettre qu'entre Washington et Alger ce n'est plus de l'amour, c'est de la rage !

Cette progression américaine en Afrique n'est cependant pas propre à l'Algérie.

En Afrique Noire également, dans ce que la France considère comme son « pré carré », les Américains avancent leurs pions. Ils évincent peu à peu l'ancienne puissance coloniale, pour le plus grand profit de leur recherche du renseignement, face au terrorisme international.

Dans des pays traditionnellement alliés de la France, et qui ont longtemps fait partie de la sphère d'influence de notre pays, peu à peu, les Américains supplantent l'ancienne métropole. Par le biais d'accords militaires et financiers, le Tchad, le Niger, le Sénégal, le Mali ou la Mauritanie deviennent de plus en plus proches de Washington. Une situation qui ne présente que des avantages pour ces États :

D'une part, ils sont ravis de sortir de leur «tête-à-tête» avec Paris, jusqu'alors leur seul tuteur, leur seul bailleur de fonds.

D'autre part, ils sont flattés de l'intérêt que leur portent les États-Unis, intérêt que l'Amérique sait rétribuer en dollars sonnants et trébuchants. Argument toujours convaincant pour des pays qui comptent parmi les plus pauvres du monde et dont l'aide au développement constitue un appoint essentiel à leurs maigres ressources.

Leur coopération militaire avec Washington devient chaque jour plus étroite, au point de procéder à des manœuvres communes.

En 2005, l'exercice baptisé *Flintlock* a réuni, autour de contingents des forces spéciales américaines, des détachements algériens, maliens et sénégalais.

Cette situation inquiète, bien sûr, au plus haut point l'Élysée qui redoute que la France perde bientôt toute influence dans cette partie du monde.

Ayant servi non seulement en Algérie, mais aussi en Centrafrique et à Madagascar, je connais bien l'Afrique. J'y suis retourné à plusieurs reprises et récemment encore et ai pu y voir de près l'évolution de ces pays, qui ont tous, à l'exception de la Guinée, accédé à l'indépendance en 1960. Mes amis africains et malgaches m'y accueillent toujours chaleureusement et me disent combien j'ai marqué leur pays et leur mémoire.

Beaucoup des dirigeants de premier plan de ces anciennes colonies françaises sont d'ailleurs des enfants de troupe, formés par l'armée française. Les plus célèbres d'entre eux, quoique pas toujours recommandables, ont été Jean Bedel Bokassa, le futur empereur de Centrafrique, ou son successeur, Ange Patassé.

Pendant longtemps, ces pays ont été gouvernés de manière autoritaire, « à l'africaine », c'est-à-dire par des chefs à la réputation de grande sagesse, inamovibles de fait et qui assuraient une grande stabilité à la vie politique de ces jeunes nations. Le meilleur exemple de ces dirigeants qui savaient dégager un consensus durable entre leurs concitoyens est Félix Houphouët-Boigny, le « père » de la Côte-d'Ivoire.

Au cours de ces quatre dernières décennies, Paris a toujours soutenu ces politiciens chevronnés, dont certains, comme Omar Bongo au Gabon, sont toujours en place.

Je reconnais que, dans un premier temps, ce choix a été judicieux. Il permettait l'émancipation politique progressive de peuples qui ne pouvaient pas, par manque d'expérience historique, assimiler du jour au lendemain les mécanismes de la démocratie telle que nous les entendons, en Europe. Mais, très vite, certaines dérives ont conduit la France à soutenir, de manière inconditionnelle de véritables tyrans sanguinaires, qui ne pensaient qu'à s'enrichir, et pour lesquels les intérêts de leur pays et de ses habitants étaient une préoccupation très secondaire.

Je pense, notamment, au général Eyadema au Togo.

Un véritable dictateur, qui, en quelque sorte, fait figure d'anti-Houphouët-Boigny. La longévité politique commune de ces deux chefs d'État ne doit pas faire illusion : l'un était un authentique grand homme, unanimement respecté sinon aimé, l'autre un aventurier qui a saigné son pays à blanc comme un prédateur.

Parfois, l'opinion publique française ne comprend pas cette spécificité. Elle est souvent trop prompte à qualifier de dictature ce qui n'est que la voie africaine vers la démocratie. Après tout, en France, pays de la Révolution de 1789, combien de siècles ont été nécessaires pour aboutir au suffrage universel et au vote des femmes ?

Voilà pourquoi je trouve dénuées de tout fondement certaines analyses biaisées, mettant dans le même sac des dirigeants politiques africains que tout oppose, sous le prétexte que, les uns comme les autres ne respectent pas les normes et les formes extérieures des démocraties « à l'occidentale ».

Je le répète, la France, notamment au Togo et, surtout, en Côte-d'Ivoire, depuis la disparition d'Houphouët, n'a pas su utiliser son influence de manière intelligente.

Au nom de la stabilité politique et d'une vision à court terme de ses intérêts, la France a laissé se commettre des actes inadmissibles, soutenant à plusieurs reprises des despotes indéfendables.

Elle en paye le prix aujourd'hui, tant en Côte-d'Ivoire qu'au Togo. Dans ces deux pays la France est maintenant perçue par la majorité de la population comme un pays hostile, sourd et aveugle aux aspirations légitimes de ces peuples.

Ces peuples ont pourtant participé, en 1945, lors du débarquement en Provence, à la Libération. Et je ne peux que regretter amèrement l'amateurisme de certains hommes politiques qui réduisent à néant l'influence française dans ces avant-postes de notre civilisation.

La francophonie constitue un lien aussi fort que durable entre nos pays, comme d'ailleurs entre toutes ces jeunes nations d'Afrique Noire.

Si l'influence française dans cette zone est incontestablement en déclin, malgré sa forte présence militaire locale, elle n'est pas cependant vouée à la disparition pure et simple.

En soutenant les élites locales les plus éclairées, en maintenant des liens forts sur le plan culturel, la France, j'en suis certain, peut regagner un prestige et une popularité dignes de ses responsabilités historiques dans cette partie du monde. Il n'est pas encore trop tard pour adopter une politique plus appropriée à nos intérêts réels, mais le temps presse.

La France doit impérativement garder le contact avec ces pays et soutenir de manière plus active leurs économies, très dépendantes des matières premières agricoles ou minières. Notre savoir-faire local, que j'ai eu moi-même l'occasion de mettre en œuvre, particulièrement en Centrafrique, doit se poursuivre, surtout face à la redoutable concurrence américaine dans cette zone.

Non, nous ne devons pas relâcher notre effort en Afrique Noire, un continent qui ne demande qu'à conserver ses liens privilégiés avec la France.

CHAPITRE VI

Islamisme : danger majeur

J'écris ces lignes en 2005 : quatre ans après les attentats du 11 septembre 2001 à New York et à Washington. Brusquement et brutalement, la planète a basculé dans l'ère de la menace terroriste permanente.

Avec le recul de ces quelques années, on le sait à présent, il n'y a pas de danger plus imminent et plus mortel que celui des kamikazes fondamentalistes sur le monde, qu'il s'agisse de pays du Moyen-Orient ou de pays occidentaux. Et la grande nouveauté éclate à présent : les démocraties occidentales sont en première ligne face à ce combat d'un nouveau type.

Aussi vais-je procéder à une sorte de bilan, peut-être incomplet mais bien informé, de la lutte antiterroriste depuis 2001. Un bilan peu glorieux et surtout très inquiétant.

J'impose au lecteur peut-être la lecture des pages de ce chapitre, mais il le faut ! L'avenir nous obligera à en reparler... Car la France est en guerre, une guerre qui ne veut pas avouer son nom ! Je le répète et le crie depuis plusieurs années.

Au moment où je rédige ces lignes, Oussama Ben Laden court toujours.

Nul ne sait où il se trouve, à part le premier cercle de ses affidés bien sûr. Et cela malgré l'engagement de moyens matériels et humains colossaux, américains et internationaux.

Entre 2003 et 2004, les attentats terroristes recensés dans le monde ont été multipliés par trois. Et si le «noyau dur» d'Al-Qaida a pu être provisoirement mis à mal depuis que les États-Unis contrôlent la majeure partie de l'Afghanistan, cette victoire, aussi mince que fragile, a son revers.

L'idéologie de cette organisation terroriste internationale a essaimé dans de nombreux pays, dans le monde entier en fait, grâce notamment aux erreurs américaines dans la gestion du conflit irakien.

Le juge antiterroriste français Jean-Louis Bruguière déclarait d'ailleurs au quotidien *Le Monde*, en septembre 2005, que «le danger n'a jamais été aussi grand». Pour ceux qui en douteraient, l'actualité estivale est là pour les sortir de leur léthargie: après les attentats de Madrid en 2004, c'est une autre grande capitale européenne, Londres, qui, à deux reprises, a été victime d'attentats de grande ampleur en juillet 2005.

Ce même mois l'Égypte, cible privilégiée des islamistes au Moyen-Orient, a également subi la déflagration intégriste, avec les attentats de Charm el-Cheikh.

Les kamikazes choisissent soigneusement leurs cibles et l'Égypte est souvent leur terrain privilégié, pour plusieurs raisons.

D'abord parce que ce pays est le berceau de la communauté des Frères Musulmans qui dispose sur place, depuis des décennies, d'une infrastructure secrète dont l'efficacité n'est plus à prouver.

Ensuite parce que ce même pays combat l'islamisme avec une énergie implacable. Et également parce que l'Égypte est l'allié privilégié des États-Unis dans le monde arabe, à parité avec l'Arabie Saoudite, autre cible de choix des intégristes.

Enfin, bien sûr, parce que l'Égypte a été le tout premier pays arabe, et pendant longtemps le seul et unique d'ailleurs, à avoir signé un traité de paix avec Israël et à reconnaître l'État hébreu.

En Occident, les cibles favorites des islamistes peuvent répondre à plusieurs stratégies terroristes :

La première consiste à atteindre les États-Unis au cœur. Ces actions représentent une lourde signification symbolique et le but premier des kamikazes. Mais les mesures de sécurité draconiennes prises par les autorités américaines depuis septembre 2001 rendent cette tâche plus difficile qu'auparavant, contraignant les poseurs de bombe à jeter leur dévolu sur d'autres victimes potentielles.

Puis vient le cas de la Grande-Bretagne.

Pays allié des États-Unis qui font de lui l'exécuteur de sa politique étrangère, l'Angleterre est aussi un État très proche du monde arabe, auquel de nombreux liens historiques et économiques la rattachent.

Londres, on le sait, est une sorte de capitale du monde islamique. Aucune autre ville occidentale ne rassemble autant d'associations ou de fondations contrôlées par des pays musulmans et autant d'hommes d'affaires originaires du Moyen-Orient. Même pas New York, ville traditionnellement délaissée par les élites arabes.

La Grande-Bretagne jouit d'une tradition de tolérance et de liberté d'expression qui permet aux musulmans les plus extrémistes, de trouver une tribune publique et tolérée dans ce pays, au contraire d'autres États où de tels propos tomberaient sous le coup de la loi.

C'est ce qu'on appelle le « Londonistan », ces quartiers de la capitale britannique peuplés presque exclusivement de musulmans, plus ou moins fondamentalistes, qui ont érigé une société parallèle vivant en autarcie, coupée du reste du pays mais pas ignorée des réseaux terroristes mondiaux.

Une autre caractéristique très britannique explique également la place de premier plan qu'occupe Londres sur la liste des cibles intégristes : le choix délibéré du communautarisme.

Au contraire de la France, qui s'efforce d'intégrer ses immigrés et de les faire participer pleinement à la vie nationale avec ses valeurs et son histoire, le Royaume-Uni, lui, a fait le choix exactement inverse.

Les Anglais ont préféré juxtaposer les communautés qui conservent toutes jalousement leur identité propre, leurs coutumes et leur mode de vie. Choix fait un peu par mépris comme au temps de la splendeur impériale britannique.

Tony Blair l'a bien compris. Il a réagi avec fermeté après ces attentats et a clairement laissé entendre, avant de passer aux actes, que le temps d'une certaine complaisance des autorités britanniques envers la propagande fondamentaliste était désormais terminé.

Ceci n'a pas empêché beaucoup de très « British » citoyens de Sa Majesté, scandalisés, de manifester en raison de la mort d'un présumé suspect abattu, par erreur par la police.

C'est ne rien comprendre aux impératifs de la sécurité nationale. Car cette erreur, certes infiniment regrettable, constitue le prix à payer pour démanteler des réseaux dont la capacité de nuisance est infiniment plus menaçante en termes de respect des libertés.

La tolérance excessive, la complaisance pour des prêches enflammés dont les auteurs n'ont jamais été poursuivis, a en effet fort bien pu être interprétée par les chefs kamikazes, comme une sorte de ventre mou permettant d'infiltrer cette partie du monde occidental facilement.

Or, pour tout musulman affilié à Al-Qaida ou à une organisation équivalente, un tel comportement est invariablement interprété comme un signe de peur et de faiblesse, un signe de vulnérabilité. Et, dans ce cas, bien évidemment, les kamikazes donnent libre cours à leurs projets de destruction.

L'exemple de deux autres États est également significatif: les Pays-Bas et le Danemark.

Aux Pays-Bas, le «politiquement correct» règne en maître absolu depuis des décennies, la politique néerlandaise en matière de consommation de drogue n'en étant que la manifestation la plus extrême.

Or, depuis quelques années, ce pays se retrouve confronté à des actes homicides nombreux commis au nom de l'islam. Je pense, en particulier, à l'assassinat du leader populiste Pym Fortuyn et de celui du cinéaste Théo Van Gogh.

Comme en Angleterre, les autorités locales se demandent si elles ne sont pas allées trop loin dans une tolérance qui a été prise, là encore, pour de la faiblesse. Ici aussi les islamistes sont prêts à invoquer n'importe quelle revendication au nom de leur identité religieuse ou ethnique.

Même chose au Danemark, un pays où de récents sondages montrent que les habitants se sentent particulièrement menacés par le terrorisme islamiste.

Là-bas aussi, comme aux Pays-Bas, l'accueil sans discernement de centaines de milliers d'immigrés, bénéficiant presque totalement de l'aide sociale a provoqué des tensions avec les nationaux, qui prennent conscience d'avoir nourri des vipères dans leur sein.

En résumé, et pour conclure sur ce thème, plus un pays fait preuve de patience et de magnanimité, plus il jouit d'une réputation de tolérance et d'ouverture, et plus il risque de se retrouver en tête de liste des cibles des futurs attentats.

J'ai déjà employé le terme : c'est bel et bien d'une forme de chantage dont il s'agit. Et d'un chantage qu'il ne faut pas prendre à la légère. Car, à côté des attentats terroristes « conventionnels », il peut également exister, c'est malheureusement à redouter, un terrorisme atomique ou « sale ».

Avec l'implosion de l'ex-URSS et la prolifération des matières nucléaires, chimiques, radioactives ou fissiles, notre monde est devenu un vaste supermarché où n'importe quel illuminé peut trouver, sans trop d'efforts, de quoi fabriquer une bombe artisanale nucléaire, bactériologique ou chimique.

Qu'on se souvienne de la panique à l'anthrax qui a déferlé sur les pays occidentaux, il n'y a pas si longtemps !

Les mafias d'Europe de l'Est profitent à plein de cette contrebande nouvelle pour s'emparer de matières stratégiques. Elles se les procurent d'autant plus facilement que les lieux de stockage sont à la fois nombreux et mal protégés et que les quantités requises ne sont pas très importantes.

Nous devons en être conscients, un tel risque existe réellement.

En France, en 2001, l'explosion de l'usine AZF à Toulouse, a montré le danger que présentaient de telles installations, même si cette catastrophe n'était pas d'origine terroriste.

N'oublions pas que les militants fondamentalistes maîtrisent parfaitement ce genre de techniques et que les sources potentielles d'approvisionnement sont multiples.

Quelle est la protection qui aurait été mise en place pour les matières radioactives utilisées à des fins médicales ?

Dans l'industrie, avec une multiplication sans précédent des sites « à risques », quel est le degré de sécurité réel face au détournement de certaines quantités de matières dangereuses à des fins criminelles ?

Contre ce danger, il n'existe pas de solution miracle. Mais nous connaissons le « principe de précaution ». Il n'a, en l'occurrence, jamais aussi bien porté son nom.

Il convient d'appliquer avant tout une politique de vigilance accrue et constante. Il faut développer, davantage encore, des coopérations entre services de renseignement des pays occidentaux, une vraie collaboration à l'échelle internationale qui peut rendre efficace une certaine surveillance, à condition qu'elle soit exercée au niveau mondial.

C'est déjà la direction dans laquelle s'est engagée la France en créant, avec les États-Unis, une structure antiterroriste commune : « Alliance base ».

Fruit de la coopération entre la DGSE et la CIA, cet organisme dont le siège est à Paris, dirigé par un général français, bénéficie largement du financement de la centrale américaine du renseignement.

Il regroupe d'ailleurs d'autres pays occidentaux, notamment la Grande-Bretagne, le Canada, l'Australie et l'Allemagne.

Cette institution qui travaille dans le secret le plus absolu se donne pour but « d'analyser les mouvements internationaux des terroristes suspects et de lancer des opérations pour les capturer ou les espionner » : je cite le *Washington Post* à l'origine de la révélation de l'existence de ce réseau, dont la création remonte à 2002.

On le sait, la menace terroriste islamiste existe réellement dans les pays occidentaux, où elle est à l'œuvre, secrètement, patiemment. Une véritable cinquième colonne existe dans ce domaine sur notre territoire. Je le répète depuis des années, livre après livre.

La récente loi sur le voile en est un exemple d'autant plus significatif qu'il offre toutes les apparences de la légalité et d'une revendication inoffensive.

D'ailleurs, diront des observateurs superficiels, une loi pour 47 cas d'élèves voilées dans toute la France en 2004, dont 45 en Alsace, est-ce bien sérieux ?

Oui c'est sérieux ! Très sérieux même, car le voile n'est qu'une étape, la première, pour imposer à la France, comme à tous les pays occidentaux, des conceptions qui sont radicalement étrangères à notre identité, à notre histoire et à notre culture.

On commence par le voile puis on risque de finir par accepter que certaines femmes adultères soient lapidées. À ce rythme on tolérera un jour la polygamie et, pourquoi pas, l'excision !

Dans notre société, malheureusement, trop d'éléments vont dans ce sens, le mauvais sens évidemment. Certains courants dits progressistes veulent placer le respect de la culture née de l'immigration, comme une liberté fondamentale. Mais accepter cette culture en l'état s'est assurer la mort progressive de nos propres valeurs de liberté et de citoyenneté.

Il n'y a aucun respect à avoir pour des usages qui, non seulement, ne sont pas les nôtres mais qui, surtout, sont en contradiction flagrante avec tout ce qui a fait la grandeur de notre civilisation. Ce sont même ces valeurs au fort pouvoir attractif qui attirent tant d'immigrés. Presque partout, elles sont considérées comme une sorte d'idéal à atteindre, sauf dans les zones déjà décervelées par l'islamisme.

En Algérie par exemple, où la longue et sanglante guerre civile des années quatre-vingt-dix n'est d'ailleurs pas encore tout à fait terminée, ressurgissent des pulsions rétrogrades que l'on croyait oubliées.

L'Algérie, on le sait, entretient des liens très particulicrs avcc la France. Des liens d'amour-répulsion, passionnels et conflictuels en tout cas. Si forts et si intenses que la France fait toujours figure d'accusée idéale, de responsable toute trouvée pour tout ce qui ne va pas en Algérie, ou au sein de la très nombreuse communauté algérienne immigrée en France.

Elle fait également figure de cible privilégiée pour les fondamentalistes locaux, ravis de pouvoir frapper au cœur l'ancienne puissance coloniale, celle à qui on ne pardonne pas d'avoir incité l'Algérie à s'ouvrir sur le monde.

Après les sanglants attentats de 1995, qu'on ne doit pas oublier, en juin 2005, les services secrets français ont eu connaissance de menaces visant la France de la part du GSPC, le Groupe Salafiste pour la Prédication et le Combat. Il s'agit du plus structuré des groupes islamistes algériens et du dernier mouvement armé encore actif dans ce pays.

Sentant son action locale bridée par l'évolution de la situation économique algérienne qui, grâce à l'envolée des cours du pétrole et du gaz, connaît une incontestable embellie, le GSPC a donc décidé d'exporter la violence, de «délocaliser» son action meurtrière sur le territoire français. C'est une menace que nos services de renseignement prennent très au sérieux, dans la mesure où ces combattants de l'islam sont particulièrement déterminés.

L'organisation entretiendrait des liens directs avec Al-Qaida, affirmation démentie par le GSPC qui reconnaît cependant «soutenir le combat d'Al-Qaida contre la tyrannie». On ne saurait être plus clair.

D'autant plus que le salafisme est très présent en France, sous sa forme religieuse en tout cas. Une forme de pratique fondée principalement sur la piété la plus traditionnelle, qui servirait de paravent à des activités moins avouables?

C'est loin d'être exclu, dans la mesure où le salafisme a toujours entretenu une ambiguïté voulue sur sa position face aux valeurs de la République: laïcité, mixité, séparation des cultes religieux et de l'État…

Le salafisme peut servir de parfait exemple du danger qu'il y a à laisser prospérer des groupes dont le but, complètement avoué celui-là, est de maintenir le plus possible d'immigrés loin des valeurs de la France.

Cette situation illustre à merveille ce que j'appelle la «cinquième colonne», vaste réseau islamiste mouvant et informel qui coordonne, structure et unifie les groupes les plus divers, mais unis par un but qu'ils partagent tous. Ils veulent imposer par la force leur vision du monde aux pays occidentaux par l'intermédiaire des communautés immigrées qui y résident puis par la « guerre sainte », le « djihad » qu'ils ne cessent de prêcher, d'encourager, d'appeler de leurs vœux, afin d'anéantir les « infidèles » que nous sommes.

Et ce n'est que le début !

Il est grand temps de réagir autrement que par de belles paroles et d'oser dire que la prédication salafiste en France est lourde de menaces, qu'elle constitue un danger pour notre sécurité intérieure, comme extérieure.

Comme je le rappelais, le mouvement est très puissant en France, bien structuré et ne cesse de s'étendre, faisant chaque jour de nouveaux adeptes.

Ce groupe dispose d'une quarantaine de lieux de culte officiellement recensés, répartis sur tout le territoire national. Par « officiellement recensés » je veux dire qu'on ignore le nombre de salles de prières plus ou moins clandestines, impossibles à contrôler, où s'épanchent les plus enflammés des imams.

Réparti sur tout le territoire national, le salafisme, depuis longtemps, n'est plus limité aux « banlieues de l'islam », ces grands ensembles qui n'existent que dans les agglomérations les plus importantes.

Il a d'ores et déjà gagné les villes moyennes, où son influence est d'autant plus forte que la communauté musulmane est plus restreinte, sans modèle alternatif d'islam moderne à sa portée.

Ses mosquées sont implantées dans 18 régions de France métropolitaine et le chiffre officiel de ses adeptes atteint les 5 000 personnes, là encore « officiellement », je tiens à le souligner.

On sait par ailleurs qu'il existe un « noyau dur » d'au moins 500 militants, les plus aguerris, les plus prosélytes, ceux qui sont les plus suspects de pratiquer un double jeu susceptible de tomber sous le coup de la loi.

Pour mieux comprendre la rapidité de leur progression, la carte de leur implantation parle d'elle-même :

– En 2000, les salafistes n'étaient présents que dans six régions, les plus peuplées, les plus industrialisées : Île-de-France, Nord-Pas-de-Calais, Rhône-Alpes et Provence-Alpes-Côte-d'Azur en tête.

– En 2005, seules quatre régions n'ont pas fait l'objet d'implantation de ce mouvement. Les plus rurales, les moins peuplées bien sûr : Limousin, Corse, Poitou-Charentes et Basse-Normandie.

Les salafistes utilisent dorénavant Internet comme mode de « communication » privilégié pour la diffusion de leurs idées d'un islam radical en France.

Mais ils piègent aussi les élus locaux de sorte que ceux-ci leur apportent un soutien stratégique et financier non négligeable.

Quel est leur système ?

Leurs nouvelles recrues, pour la plupart des jeunes désorientés, pas encore vraiment français mais déjà plus vraiment arabes, sont issues des milieux défavorisés, des « cités », comme on dit.

Par leur rigueur morale religieuse, les salafistes contribuent à lutter contre la délinquance traditionnelle attribuée aux jeunes issus de l'immigration : drogue, petits larcins… Ils parviennent à détourner leurs adeptes de ces pratiques et, du coup, deviennent de fait les auxiliaires des forces de l'ordre dans les quartiers difficiles.

Et, il faut bien le reconnaître, leur efficacité est réelle.

D'où le soutien enthousiaste des élus locaux, ravis de trouver au sein même des cités une aussi « belle » jeunesse, capable de faire régner un semblant d'ordre et de respect des lois dans ces quartiers devenus des zones de non-droit.

Voilà donc le piège qui se referme sur les plus vulnérables de nos concitoyens issus de l'immigration, prisonniers d'un ghetto de plus en plus étroit et étouffant. Les salafistes les somment de choisir : ou bien l'ordre, mais aussi la discipline de fer des fondamentalistes, ou bien la « liberté décadente » de l'Occident, à leurs risques et périls, en matière de sécurité des personnes et des biens…

Ainsi, peu à peu, se dégagent les caractéristiques de ce que l'on pourrait appeler le « djihadisme français ».

Pierre de Bousquet, le patron de la DST, fait un constat édifiant : « Nous n'avons pas détecté en France de profil du terroriste de formation supérieure. » Avant d'ajouter : « Le djihadiste français est plus fruste, plus jeune, plus radicalisé. »

Hélas, ce « djihadiste français » est une espèce en voie de prolifération. Depuis les attentats du 11 septembre 2001, la DST a interpellé un nombre croissant de personnes susceptible d'appartenir à la mouvance fondamentaliste : 58 en 2002, 41 en 2003 mais 76 en 2004 et surtout 55 entre janvier et avril 2005. Soit presque autant en seulement quatre mois que pendant toute l'année 2002.

La menace, cela se confirme, n'est pas en voie de régression.

Les périls s'additionnent plus qu'ils ne se succèdent. Aussi la DST et les RG travaillent-ils en étroite collaboration, ayant à leur actif quelques jolis coups de filet. En particulier celui de la « filière irakienne » du 19e arrondissement parisien.

Démantelée fin janvier 2005, cette organisation regroupait de nombreux jeunes qui allaient combattre en Irak où beaucoup d'entre eux ont d'ailleurs trouvé la mort.

J'insiste sur un point. Ces jeunes étaient des Français. D'origine étrangère, peut-être mais citoyens français, puisque bénéficiant de cette nationalité.

Pourtant, on le voit, leur loyauté n'allait pas à notre pays et à ses valeurs, c'est-à-dire à leur pays, mais à un embrigadement fanatique qui leur a fait miroiter la gloire des martyrs.

Et c'est peut-être cette sorte de dédoublement de la personnalité, cette sorte de folie qui est le plus inquiétant. Ces jeunes paraissent comme tous les autres, habillés comme on s'habille dans les « quartiers », pas en djellabas et calots. Rien ne les distingue des autres membres de leur classe d'âge mais ils nourrissent, au plus profond d'eux-mêmes, des rêves de guerre sainte, d'affrontement sanglant et meurtrier.

L'autre phénomène inquiétant est le fait que cette filière ait vu le jour dans Paris. Cet élément est pour moi lourd de signification : le fondamentalisme ne recrute plus seulement dans quelques cités en perdition, coincées entre une bretelle d'autoroute et une zone industrielle, mais en plein cœur de notre capitale, auprès de jeunes adultes qui ont à leur disposition toute la richesse de la vie urbaine.

Bien sûr, le quartier Curial-Cambrai, dans le 19e arrondissement de Paris, ne se compare pas au confort bourgeois du faubourg Saint-Germain. Mais ce n'est pas non plus la cité des 4000 à La Courneuve, ou celle des Francs-Moisins à Saint-Denis.

C'est un quartier populaire, situé en plein Paris, qu'on ne peut pas assimiler à une banlieue désespérée. De ce point de vue aussi, on le voit, la situation s'aggrave. De proche en proche, par ondes concentriques successives, cette vague est en train de nous envelopper, nous submerger, nous encercler lentement mais sûrement. Elle sait tirer parti de l'antiracisme pour s'abriter derrière des façades en apparence respectables et, sous ce couvert, tisser sa toile, se livrer impunément à son œuvre de noyautage en vue de la destruction de nos valeurs, la destruction de notre société.

Les ramifications internationales des groupes intégristes français ont aussi quelque chose d'impressionnant, par leur diversité et leur proximité avec les mouvements les plus « installés ».

En avril 2005 a eu lieu à Paris le procès d'un réseau islamiste. Au cours de l'instruction, il a été établi que cette organisation, pourtant modeste, entretenait des relations très étroites avec Al-Qaida, par l'intermédiaire des deux Tunisiens responsables de la mort du commandant Massoud, assassiné en Afghanistan le 9 septembre 2001, deux jours seulement avant la destruction des tours du World Trade Center.

Nous ne sommes pas en sécurité en Europe, nous ne sommes pas en sécurité en France !

Le terroriste peut être, comme les Londoniens l'ont appris à leurs dépens, son voisin de banquette dans le métro ou bien un jeune anonyme en baskets et en casquette que l'on croise tous les jours.

Voilà pourquoi je déplore que l'on perde son temps et son énergie en débats stériles sur les libertés publiques. Je suis parfaitement respectueux de ces libertés, mais lorsqu'une société, une civilisation, est en danger de mort, elle doit préférer sa survie aux prétendues « libertés publiques » que les imams fauteurs de troubles détournent sciemment de leur sens.

Ils se servent de cette formidable valeur à laquelle nous tenons tant et la retournent contre nous comme une arme morale. Ils brandissent nos propres paroles, nos propres luttes et nos victoires pour nous les renvoyer à la figure.

Et nous restons là, sans réaction, empêtrés que nous sommes dans nos propres contradictions.

CHAPITRE VII

Aux sources de l'islamisme

Je suis un homme d'instinct, chacun le sait.

Depuis l'Algérie, depuis la fameuse bataille d'Alger, je sens monter cette menace islamiste. Intuitivement, je savais qu'elle irait bien au-delà de l'indépendance.

Déjà, Ben M'Hidi, un des chefs de la révolution algérienne que mes hommes avaient arrêté pendant la bataille d'Alger, me disait combien les Algériens faisaient bien plus d'enfants que nous et que par cette démographie galopante, ils prendraient d'assaut, un jour, la France, par la supériorité en nombre et par leur fanatisme.

Pour analyser les sources de cet islamisme qui est devenu aujourd'hui un problème planétaire, je me suis entouré de spécialistes avec lesquels j'ai travaillé à retracer l'histoire des origines de l'islamisme.

Ce mouvement n'est pas né subitement ces dernières années. Il prend ses racines, loin de nous dans le temps et dans l'espace géographique. Et surtout, ce n'est pas un feu de paille, comme certains le pensent. Non, l'islamisme n'est pas près de s'arrêter.

Faisons un peu d'histoire.

L'islamisme est né à la fin du XIXe siècle dans trois pays phares du monde musulman : la Perse, c'est-à-dire l'Iran actuel, l'Égypte, et l'Inde qui, à l'époque, ne l'oublions pas, englobait les deux pays musulmans actuellement indépendants que sont le Pakistan et le Bangladesh.

Même privée de ces deux derniers territoires, l'Inde actuelle compte entre 15 % et 20 % de musulmans, ce qui, pour une population d'un milliard d'habitants, constitue une minorité plus que respectable en nombre.

L'époque à laquelle naît l'islamisme n'est pas indifférente : ce courant fondamentaliste prend ses racines au moment où, pour la première fois, le monde musulman se trouve confronté à un Occident vainqueur et conquérant, fort de son avance économique et technique.

Cet Occident semble vouloir laisser loin derrière lui des pays sous-développés, que l'on pense incapables de se réformer de l'intérieur.

Parce que, brutalement, les sociétés musulmanes se trouvent confrontées au choc du progrès, elles vont tenter d'inventer une parade pour échapper aux impératifs de l'avenir. Elles vont chercher à sécréter des sortes d'« anticorps » pour retarder une adaptation pourtant inéluctable.

C'est cela, l'islamisme, et rien que cela : une tentative désespérée de nier les réalités du monde moderne, en faisant l'autruche, en s'enfonçant la tête dans le sable. Et, dès ses débuts, l'islamisme a recours à ce qui va devenir son arme de prédilection : l'assassinat politique, prélude au terrorisme actuel.

On peut considérer la Perse comme le berceau de l'islamisme. Un siècle plus tard, d'ailleurs, n'est-ce pas en Iran que sera fondé le premier État fondamentaliste, par l'ayatollah Khomeyni ? La République islamique d'Iran !

En Perse vit le jour un certain Djamel Eddine El-Afghani (1838-1897) le pionnier de l'islam politique.

C'est en effet le fondateur de ce que l'on nomme le « panislamisme », théorie politique qui inspirera directement celui qui assassina, en 1896, l'empereur de l'époque, Nas'r El Dine Shah. Ce souverain avait eu le tort de s'ouvrir aux idées occidentales et de vouloir moderniser son pays, comme le fera au siècle suivant le Shah d'Iran Mohammed Reza Pahlavi, renversé par les mollahs en janvier 1979.

Cette doctrine se répand rapidement dans tout l'Orient arabo-musulman et fait des émules en Égypte. L'Égyptien Mohammed Abduh (1849-1905) souhaitait unifier les quatre rites musulmans et, parallèlement, s'approprier la technologie occidentale en l'utilisant au profit de ses idées politiques. Une sorte de grand écart, où la science cohabiterait avec des idées d'un autre âge, bien antérieur à celui du progrès qu'Abduh comptait importer « clefs en main » dans son pays.

En Égypte toujours est née la confrérie qui résume à elle seule l'islamisme et dont le seul nom fait trembler aujourd'hui encore, élites arabes et responsables occidentaux de la sécurité : les Frères Musulmans.

La confrérie des Frères Musulmans a été fondée en 1928, à Ismaïlia, par le nommé Hassan al-Banna (1906-1949), et si je précise autant de noms qui peuvent paraître complexes au lecteur, c'est parce qu'ils ont leur importance, jusqu'à notre époque. Ce fameux al-Banna n'est autre que le grand-père de Tarik Ramadan, agitateur islamiste vivant de nos jours à Genève et créant ce qu'il appelle un débat d'idées dans tous les pays occidentaux.

C'est lui, notamment, qui a organisé en 2004 la «résistance» des écolières en France, celles qui ne voulaient pas retirer leur foulard dans l'enceinte de leur établissement scolaire. C'est encore lui avec lequel Nicolas Sarkozy a débattu à la télévision.

Je viens de signaler que les Frères Musulmans ont été fondés à Ismaïlia. Ce fait ne résulte certainement pas du hasard, car qu'est-ce qu'Ismaïlia, à l'époque ?

La cité est une enclave totalement occidentale en Égypte. Une localité qui échappait au contrôle du pouvoir égyptien, directement gouvernée par l'administration militaire britannique qui a eu la haute main sur toute la zone du canal de Suez, jusqu'en 1954.

Une enclave ? Il vaudrait mieux dire une épine car elle offre le spectacle insupportable, pour beaucoup de musulmans, d'une existence à l'européenne.

Les cadres de la Compagnie du Canal de Suez, vivaient là comme des expatriés, dans des conditions matérielles fort agréables. Ce comportement va faire des émules parmi les très nombreux employés égyptiens de la Compagnie, qui s'occidentalisaient à mesure qu'ils entraient en contact avec la réalité de la société européenne d'alors. D'où la méfiance de ces «fous de Dieu» qui les accusaient d'être pervertis, d'être de mauvais musulmans et des traîtres à leur religion.

Alors l'agitation commença, meurtrière, terroriste, dès son origine.

Je rappelle brièvement le *credo* des Frères Musulmans, qui est aussi celui de tous les mouvements islamistes, fondamentalistes ou intégristes, pour employer des termes qui recouvrent des réalités très proches :

La théorie politique de cette confrérie politico-religieuse enseigne qu'il faut revenir à une observance stricte, intégrale et littérale du Coran, le livre saint des musulmans et de la tradition islamique. Ce « retour aux sources », ou du moins perçu comme tel, est considéré comme la base nécessaire et suffisante de toute la vie en société, à la fois privée et publique, individuelle et collective. Une sorte de recette miracle.

La lutte acharnée contre les puissances occidentales commence alors et s'attaque aussi à tous les régimes arabes qui leur sont favorables.

Ainsi, dès 1940, les Frères Musulmans entreront en contact avec les forces de l'Axe, s'alliant à Hitler pour gêner l'Angleterre, alors toute-puissante en Égypte, dans son combat contre le nazisme.

C'est également à cette époque que le « guide suprême », comme se faisait appeler Hassan al-Banna, doubla son mouvement d'une organisation secrète de sabotage, premier pas vers un terrorisme qui allait vite devenir la règle.

Ce sont les commandos des Frères Musulmans qui, en 1945, assassineront le Premier ministre égyptien Ahmed Maher. Puis, en 1948, son successeur, Nokrachy pacha.

En représailles, le gouvernement égyptien fit assassiner, l'année suivante, Hassan al-Banna.

Le combat ne faisait pourtant que commencer. Estimés selon les sources à deux cent mille ou à deux millions de personnes, les membres de la confrérie préparèrent avec acharnement la chute du roi Farouk, renversé en 1952 par un coup d'État militaire et contraint à l'exil.

Mais, très vite, les conceptions religieuses des Frères Musulmans s'opposèrent aux conceptions socialisantes et tiers-mondistes des officiers responsables du putsch, dont Nasser lui-même.

En 1954, ce dernier prononça la dissolution du mouvement. Les Frères Musulmans entrèrent alors dans une clandestinité qu'ils n'avaient jamais vraiment quittée, clandestinité qui fait une partie de sa force, aujourd'hui encore : l'année même de leur dissolution officielle, la confrérie se livrait à une tentative d'assassinat contre Nasser, la première d'une longue liste.

En 1981, on le sait, c'est sous leurs coups que tomba le président Égyptien, Anouar el-Sadate, assassiné pour avoir osé faire la paix avec Israël.

Aujourd'hui, quelle est la situation de la confrérie en Égypte ? Comme toujours avec ce mouvement, tout y est ambigu. Moubarak, cependant, semble avoir compris le danger.

Officiellement, les Frères Musulmans ne jouissent d'aucune reconnaissance et restent interdits. Mais, officieusement, depuis plus de vingt ans, ils participent ouvertement à la vie politique égyptienne, avec des députés qui leur sont inféodés, sous le couvert de diverses formations politiques très légales. Paravents qui ne trompent personne, tant leur influence est redoutée.

En résumé, depuis l'assassinat de Sadate, le pouvoir égyptien préfère une reconnaissance de fait à une clandestinité totale qui ne permettrait pas le moindre contrôle.

Mais les choses ont changé il y a quelques mois.

En septembre 2005, Moubarak a clairement interdit aux partis politiques, qui se font les représentants de fait des Frères Musulmans, de participer aux élections présidentielles et législatives, mettant un terme à une longue tolérance. Car Moubarak a bien compris que, dans le contexte actuel, offrir une tribune politique officielle à la confrérie revenait à se tirer une balle dans le pied, à se livrer à une organisation qui n'attend que ce prétexte pour arracher sa légalisation officielle et pouvoir étaler au grand jour ses revendications politiques et sociales.

L'avenir nous dira si Moubarak échappera au sort de Sadate.

Autre berceau de l'islamisme ; le monde indien. Moins bien connu que l'islamisme arabe, l'islamisme dans le sous-continent connaît pourtant une flambée sans précédent.

La première organisation que l'on peut qualifier, en Inde, d'islamiste, est le mouvement qui porte le nom de « Société pour la propagation de l'islam » *(Jama'at al Tabligh)*. Une institution qui a le mérite d'afficher la couleur et qui, c'est le moins qu'on puisse dire, ne met pas son drapeau dans sa poche.

Fondée dans les années vingt, cette organisation est très puissante dans tout le monde indien au sens large, et même bien au-delà. Et on aurait tort de sous-estimer son influence, notamment en France, puisque cette louable société inspire aussi bien l'Union culturelle musulmane au Sénégal, le mouvement Foi et Pratique en France, ou encore la confrérie soufie Nourdjou en Turquie.

Le Sénégal et la Turquie, deux pays avec lesquels la France possède de nombreux liens.

Le deuxième mouvement, moins porté aux élans mystiques, beaucoup plus politique, c'est l'Association Islamique fondée en 1941 par Abul A'la-Maoudoudi. Cette année-là, en pleine guerre, il planta une nouvelle épine dans le pied des Anglais, déjà préoccupés par l'agitation croissante de leur immense empire des Indes.

Le premier but du mouvement était la création d'un État indépendant qui rassemblerait tous les musulmans indiens. Cet État verra d'ailleurs le jour en 1947 : ce sera le Pakistan, séparé du reste de l'Inde au cours d'émeutes et de combats fratricides qui causeront la mort de millions de personnes.

Pour autant, ce mouvement n'avait pas de pire ennemi que la Ligue Musulmane d'Ali Jinnah, qui poursuivait pourtant le même but. Malgré son nom, la Ligue Musulmane n'était en rien un mouvement islamiste. Il s'agissait d'un groupe politique confessionnel mais avant tout nationaliste, qui réclamait un État indépendant pour les musulmans, sans pour autant souhaiter que ce dernier fût soumis à la loi coranique.

C'était un mouvement indépendantiste « moderne » et occidentalisé d'autant plus courtisé par les Britanniques que ces derniers y voyaient un contrepoids bienvenu au parti du Congrès rassemblant les nationalistes hindous autour de Gandhi et de Nehru.

Mais le courant de A'la-Maoudoudi connaîtra un développement fulgurant qui dépassera vite les frontières du sous-continent indien.

En Afghanistan il est à l'origine de tous les partis fondamentalistes, sans exception aucune.

On peut donc le dire sans risque d'erreur, les talibans sont les fils de ce mouvement qui, le premier, a exporté en Afghanistan les théories politico-religieuses islamistes.

Son autre terrain principal d'expansion est l'Indonésie : le premier pays musulman au monde de par l'importance de sa population.

L'Indonésie, ce n'est pas rien sur l'échiquier géostratégique du monde arabo-musulman. Dans ce pays aussi, toutes les organisations intégristes sont nées, à un moment ou à un autre, de scissions opérées à partir de l'organisation de base.

Les Frères Musulmans, on l'a vu, représentent une confrérie plus politique que religieuse.

Il existe aussi, dans le monde arabe, d'autres confréries, dont le but officiel est, à l'origine et en principe du moins, uniquement spirituel.

Dans un pays voisin de l'Égypte, la Libye, État frontalier à la fois de l'Algérie et de la Tunisie, existe une confrérie de ce type, à la doctrine un peu particulière.

Cette confrérie, c'est celle des Sénoussis, la *Senoussiya*, fondée en Cyrénaïque en 1843 par un réformateur de l'islam aussi austère qu'exalté, Mohammed ibn Ali es-Senoussi (1792-1859). Là encore, il convient de retenir ce nom car il apparaîtra à nouveau dans l'histoire de l'Algérie et nous concernera directement.

Cette organisation sectaire, violente, intolérante et hostile aux chrétiens, s'établit en 1855 dans l'oasis de Djaraboud, au cœur du désert de Libye, carrefour caravanier à partir duquel elle étendit rapidement son influence dans l'ensemble du Sahara.

Après la mort de son fondateur, son fils aîné, Ahmed el-Mahdi, prit la tête du mouvement jusqu'à sa mort. Son successeur fut son neveu, Ahmed el-Charif. Les Sénoussis, à la fin du XIXe siècle, menèrent une guerre sans merci contre les Français sur les confins tunisiens, puis contre les Italiens quand ces derniers entreprirent de coloniser la Libye.

Défait à plusieurs reprises par les troupes italiennes, le chef de la confrérie, en 1918, trouva refuge à Constantinople.

En 1931, l'Italie pacifia entièrement la Libye et mit fin ainsi à la puissance des Sénoussis. Dans les années quarante pourtant, au cours du deuxième conflit mondial, la Grande-Bretagne traita avec la branche de la confrérie demeurée sur place et s'engagea à ne pas permettre le retour des Italiens après la paix.

En 1949 la partie orientale de la Libye devint un royaume héréditaire au profit du chef de la confrérie, Mohammed Idriss es-Senoussi. En 1951, alors roi de toute la Libye, il fut renversé par un coup d'État et déposé en 1969 par le colonel Kadhafi, toujours au pouvoir actuellement, l'un des acteurs politiques les plus troubles de la planète.

Pratiquant le terrorisme à grande échelle, soufflant le chaud ou le froid selon ses intérêts, Kadhafi mêlait dans ses discours des accents socialistes à des prêches islamiques, voire islamistes, purs et durs.

Dans son action politique, on retrouve, très fortement, l'empreinte de l'idéologie des Sénoussis, assassins du Père de Foucauld.

Je rappelle brièvement qui était Charles de Foucauld. Militaire de carrière, comme moi, il quitta l'armée en 1882, après avoir un temps servi en Algérie. Sous le déguisement d'un juif d'Orient, il entreprit un voyage d'exploration au Maroc, alors fermé aux chrétiens, entre 1883 et 1884. Il en rapporta des observations d'une grande valeur scientifique, qu'il publia en 1888 sous le titre *Reconnaissance au Maroc*. Progressivement, il se convertit au catholicisme, qui jusque-là avait représenté pour lui une culture familiale plus qu'une religion.

Après un pèlerinage en Terre sainte, il entra à la Trappe de Notre-Dame-des-Neiges, qu'il quitta en 1897 pour aller vivre en

Palestine comme simple domestique dans un couvent de Nazareth. Ordonné prêtre en 1901, il s'installa alors en ermite dans le Sud algérien, à Tamanrasset, trouvant l'inspiration dans l'immensité saharienne du Hoggar. Il se considérait d'ailleurs comme un moine et non pas comme un missionnaire, donnant la priorité à la contemplation. Et, s'il s'efforçait d'instruire les Touaregs, il ne cherchait pas à les convertir. La langue touareg lui doit d'ailleurs sa première grammaire, ainsi que son premier dictionnaire.

Il sera assassiné à Tamanrasset, en 1916, l'année de ma naissance, par des Sénoussis fanatiques, ivres de haine, devant ce chrétien « frère » des hommes bleus.

Si je prends la peine de rappeler à grands traits la vie du Père de Foucauld, c'est qu'il est pour moi l'image même de l'Occident tolérant et généreux, confronté à la barbarie sanguinaire d'un islam aveugle.

Si nous n'y prenons pas garde, si nous ne savons pas répondre à temps à la menace, nous risquons de devenir les victimes de cette folie islamique que nous n'aurons pas su déceler et combattre quand il en était encore temps.

Le dernier exemple de confrérie musulmane que je souhaite évoquer ici est plus connu, mais pas moins intéressant pour autant. C'est le wahabbisme, que j'ai découvert lorsque j'étais secrétaire d'État à la Défense.

Lors de mes voyages en Orient, j'ai eu l'occasion de rendre visite aux émirs d'Arabie Saoudite : salamalecs, accueil chaleureux, sourires, embrassades, promesses éternelles derrières lesquelles se cachait un gouvernement sans partage menant le pays d'une main de fer, au nom de l'islam wahhabite.

Il s'agit d'une doctrine de retour à un islam des origines, pur et dur, qui représente en fait l'idéal politique du fondamentalisme.

Même si l'Arabie Saoudite se veut l'amie de l'Occident et se targue de combattre le terrorisme, elle l'a longtemps encouragé et financé, de manière implacable. Actuellement, elle se bat et surtout se débat contre ce terrorisme islamiste, mais elle continue de prôner son wahhabisme qu'elle cherche à exporter même en Europe, dont la France où, comme on l'a vu, elle finance de nombreuses mosquées.

J'ai côtoyé de près les élites de ce pays, principalement les membres de la famille royale. Ces princes sont aux commandes de tous les postes clés et contrôlent les revenus de la manne pétrolière qui leur assure des fortunes vertigineuses.

Je me suis notamment lié d'amitié avec le prince Turki, qui était à l'époque vice-ministre de la Défense de son pays et je dois dire que j'ai été éberlué par ce que j'ai pu voir.

Une précision au passage : ce voyage a eu lieu en 1975, soit deux ans seulement après le choc pétrolier de 1973. Je veux dire par là que ce royaume de l'or noir n'avait pas encore eu le temps de se couvrir de réalisations somptueuses, de palais des mille et une nuits aux champs de blé irrigués en plein désert, des tours à l'américaine du centre ville de Riyad aux universités et hôpitaux dignes des pays les plus avancés.

Pourtant, ce que j'ai pu y voir m'a laissé sans voix. Jamais de toute ma vie je n'avais été confronté à un tel étalage de luxe, à une richesse d'autant plus choquante et agressive qu'elle était récente. Alors le « puritanisme », « l'austérité » du wahhabisme... Qu'on ne me fasse pas rire !

Tout le monde en France connaît le train de vie de la famille royale saoudienne, ses voyages vers les palais de Marbella dans deux Boeing 747 transportant suite, harem, gardes, meubles et autres bagages.

Les descendants d'Ibn Saoud se livrent à des beuveries et des débauches bien éloignées de la sobriété de mœurs des tribus bédouines dont ils se réclament pourtant avec fierté : virées dans les casinos de la Riviera, où ils laissent des fortunes dont le montant donne le tournis, propriétés immobilières dans le monde entier et notamment dans les plus grandes capitales occidentales…

Je ne suis pas certain que ce train de vie indécent de fric soit vraiment en accord avec la « pureté » de « l'islam des origines » qu'ils imposent.

Faites ce que je dis, pas ce que je fais…

De ce point de vue-là, comme de tant d'autres d'ailleurs, l'islamisme est une imposture.

Tout d'abord, une imposture intellectuelle. Parce que l'islamisme, en fait, qu'est-ce que c'est ?

C'est une manipulation de la religion au profit du politique, ni plus ni moins. C'est-à-dire une doctrine qui, sous couvert de défense des valeurs religieuses, détourne totalement celles-ci de leur sens pour le remplacer par des intérêts, on ne peut plus terre à terre, bien éloignés de toute préoccupation religieuse.

Mais l'islamisme constitue également une imposture politique.

Le monde arabo-musulman est, en fait, une véritable mosaïque faite de rivalités entre puissances arabes. Sa référence constante à « l'unité islamique », évoquée en permanence, revient à nier une réalité incontournable : l'existence de différentes nations arabes. Elles ont chacune leur histoire. Et l'islam qu'elles partagent ne saurait servir de ciment indestructible entre ces différents États prêts à se faire la guerre au moindre incident. Et qu'on n'incrimine pas la colonisation ! Ces divisions au sein des différents pays du monde musulman lui sont bien antérieures.

L'empire perse date de plusieurs milliers d'années, et il y a une véritable continuité, par-delà les époques et les régimes, dans la politique de cet État. La Turquie comme l'Iran ne sont pas des nations arabes. Elles existent bien avant l'avènement de l'islam. L'ensemble turc, et sa zone d'influence, s'étend du Turkestan chinois situé en Asie Mineure jusqu'aux frontières de l'Europe, en passant par toute l'Asie centrale ex-soviétique. Il jouit d'une profonde unité et d'une forte particularité au sein du monde musulman et se distingue radicalement aussi bien du monde arabe que du monde persan.

Je n'évoquerai ici que pour mémoire les autres grandes régions de l'islam : le monde indien bien sûr, au sens large, c'est-à-dire incluant le Pakistan et le Bangladesh, ainsi que son prolongement afghan.

Mais il y a aussi l'Afrique Noire qu'il ne faut pas oublier et l'Asie du Sud-Est : Indonésie et Malaisie, une partie des Philippines et de la Thaïlande.

D'autre part le monde arabe lui-même est très divisé, et ne représente en rien un ensemble homogène qui serait soudé par l'islam. Ces divisions sont nombreuses et complexes. Divisions religieuses tout d'abord qui opposent sunnites, majoritaires, et chiites, minoritaires, sans parler de musulmans encore plus marginaux, tels que les druzes, présents non seulement au Liban, mais aussi en Syrie et en Israël, où ils sont parfaitement intégrés.

Ces divisions religieuses sont loin, d'ailleurs, de se limiter à la traditionnelle rivalité entre sunnites et chiites. Comme on le sait, arabe ne veut pas dire musulman, de même que musulman ne signifie pas systématiquement arabe. Non, tous les Arabes ne sont pas musulmans.

Il y a de très nombreux Arabes chrétiens.

Au Liban, ils représentent près de la moitié de la population, ce qui n'est pas rien.

En Égypte, la minorité chrétienne locale, les coptes, résiste aux islamistes qui, à intervalles réguliers, incendient ses lieux de culte et ses écoles.

En Jordanie, des tribus bédouines entières sont chrétiennes et bénéficient d'un quota de sièges réservés au Parlement d'Amman.

En Syrie, en Irak, les chrétiens d'Orient sont nombreux et actifs. Ils représentent entre dix et quinze pour cent de la population locale, chiffres officiels mais que l'on considère comme minorés par rapport à la réalité.

Alep, en Syrie, est un bastion du christianisme arabe. En Irak, celui qui a été si longtemps le ministre des Affaires étrangères de Saddam Hussein, Tarek Aziz, est chrétien.

Et en Palestine, nos coreligionnaires sont particulièrement nombreux, même si beaucoup ont émigré, et pour cause, dans les pays voisins ou dans les pays occidentaux. Sur cette terre, qui avec Bethléem est le berceau du christianisme, une ville comme Jérusalem comptait encore, jusqu'aux années cinquante, une bonne moitié de chrétiens, regroupés dans la vieille ville bien sûr, à Jérusalem Est, comme on dit aujourd'hui.

Et ce sont ces chrétiens qui sont à l'origine, qu'on le veuille ou non, du réveil de l'identité arabe dans cette partie du monde. On sait le rôle déterminant qu'ont joué les Palestiniens de confession chrétienne dans la naissance de l'OLP. Au point que, pendant longtemps, ils occuperont tous les postes de direction, ou à peu près, de ce seul organe légal et légitime du peuple palestinien.

En Syrie, c'est un chrétien orthodoxe, Michel Aflak, qui a fondé le Ba'as, le parti au pouvoir depuis maintenant plusieurs décennies, avec les musulmans Hafez el-Assad père et son fils Bachir, actuel président. *Idem* pour le fondateur du Baas irakien, créé par un chrétien, sous Saddam Hussein.

Et encore en Égypte, le quotidien *Al-Ahram*, le journal le plus prestigieux de la presse du monde arabe, le plus lu, le plus respecté, a été fondé par un chrétien, etc.

Les divisions au sein du monde arabe sont également d'ordre politique.

Certains États arabes ont construit leur État depuis la nuit des temps : je veux parler, bien sûr, de l'Égypte, dont l'existence est encore beaucoup plus ancienne que celle de la Perse.

L'Égypte, au sein du monde arabe, est perçue comme un cas à part. Justement en raison de cette ancienneté, elle jouit d'un prestige et d'une influence dont aucun autre pays arabe n'a jamais joui. Siècle après siècle, les États européens ne s'y sont d'ailleurs pas trompés, considérant comme essentiel la neutralisation de l'Égypte pour s'assurer du contrôle de l'ensemble du monde arabe.

En outre les deux premiers Lieux saints de l'islam, La Mecque et Médine, ont longtemps fait l'objet de luttes meurtrières entre pays ou dynasties arabes. Après avoir été contrôlé pendant des siècles par l'Empire ottoman, le Hedjaz, la bande côtière du littoral de la mer Rouge où se trouvent les deux villes saintes, a été l'objet de combats acharnés.

C'est la dynastie hachémite, celle qui règne en Jordanie après avoir également dominé l'Irak jusqu'en 1958, qui assurait l'administration de ces cités aux portes du désert. Le chef de la maison des Hachémites portait le titre de « chérif de La Mecque », avant d'être « roi du Hedjaz », dignité secondaire par rapport à sa fonction de gardien des Lieux saints qu'il prit en 1916, après avoir chassé les Turcs.

Protégé et soutenu par les Anglais, le chérif Hussein sera cependant délogé en 1924 par les Saoudiens, appuyés en sous-main par les Américains.

C'est de ce moment-là que date le prestige, très déclinant d'ailleurs, des fils de la maison de Saoud dans le monde arabe. Et cette rivalité sanglante pour le contrôle de La Mecque connaît encore, à intervalles réguliers, des résurgences : comment oublier la prise d'otages dans la Grande Mosquée, en 1979, qui a donné lieu à un carnage sans précédent dans ce lieu pourtant sacré entre tous en terre d'islam ? Une prise d'otages dont on ne connaîtra sans doute jamais le bilan réel en termes de pertes humaines. Les chiffres officiels de 165 morts, ridiculement bas, sont, de notoriété publique, très en dessous de la réalité. Une prise d'otages qui a en tout cas sacrément paniqué la famille royale et le gouvernement, contraints de faire appel à des gendarmes français pour déloger ces indésirables.

Mais l'exemple le plus parlant de la division du monde arabe, est la question palestinienne.

Simple rappel : la colonisation juive en Palestine, puis la naissance de l'État d'Israël, en 1948, ont longtemps servi de ciment, bien artificiel d'ailleurs, au monde arabe.

Lorsque, en 1945, la Ligue Arabe fut fondée par sept pays (Égypte, Jordanie, Liban, Syrie, Yémen, Arabie Saoudite et Irak), c'était dans le but avoué de peser sur le plan international afin d'empêcher la création d'un État juif fiché en plein milieu du monde arabe. Pourtant cet État, si menacé avant même sa naissance, vit le jour, envers et contre tout, Israël.

Or il devint très vite l'obsession des pays arabes, qui essayèrent à plusieurs reprises, mais en vain, de le rayer de la carte.

Le prétexte officiel était la solidarité des pays arabes avec leurs frères de Palestine (on parlait alors d'Arabes de Palestine et pas encore de Palestiniens), chassés de leur terre par « l'entité sioniste » : c'est le nom qu'utilisaient alors ces pays pour désigner l'État hébreu.

Je viens de parler de prétexte. On ne peut pas employer un autre terme, puisque le malheur de ce peuple a fait l'objet d'une récupération par ses « frères » des États voisins.

En Jordanie, où les Palestiniens représentent plus des deux tiers de la population, ils ont été massacrés par le roi Hussein en 1970 lors de la fameuse opération baptisée « Septembre noir ».

Au Liban ils ont servi d'alibi pour le déclenchement, en 1975, d'une guerre civile qui a duré quinze ans. Comme si les factions et sous-factions libanaises avaient besoin des Palestiniens pour se déchirer et s'entre-tuer !

Le rapport de la question palestinienne avec la montée de l'islamisme se trouve là, dans cette impuissance à agir concrètement pour mettre un terme à l'errance de ce peuple.

Pendant longtemps, trop longtemps, aucune solution crédible à ce problème n'était en vue. Alors, par désespoir, pour oublier, pour rêver un peu, aussi, sans doute, beaucoup de Palestiniens se sont tournés vers l'islamisme et ont « investi », comme on dit, le domaine religieux.

Voilà comment est né et s'est développé le Hamas, aujourd'hui tout-puissant dans les Territoires Autonomes Palestiniens, au point de supplanter l'OLP, son ennemie jurée, dans de nombreuses localités.

Bien entendu, l'abcès de fixation des Palestiniens, et plus encore de ceux qui se sont laissés séduire par les sirènes de l'islamisme, c'est Jérusalem.

Jérusalem, le troisième Lieu saint le plus important de l'islam après La Mecque et Médine.

En août 2005, lors de l'évacuation de la bande de Gaza par les colons israéliens, on pouvait entendre des Palestiniens proclamer « Jérusalem est notre prochaine étape ». Une affirmation qui, étrangement, rappelle ce vœu de tous les juifs de la diaspora, répété depuis tant de siècles : « L'an prochain à Jérusalem. »

À présent, quelles sont les perspectives de développement de l'islamisme, surtout par rapport à l'Europe qui, ne l'oublions pas, se trouve aux portes du monde arabo-musulman ?

Pour moi, la Turquie est le prochain enjeu majeur de l'islamisme.

La Turquie est une puissance en partie européenne, qui souhaite s'intégrer très rapidement à la construction politique qui lie vingt-cinq États du Vieux Continent.

La Turquie, le rêve inespéré de tout islamiste. À contaminer de toute urgence !

Les grandes manœuvres ont d'ailleurs déjà commencé. On le sait, le parti au pouvoir à Ankara se définit comme « islamiste modéré ». Je ne vois pas très bien en quoi consiste un islamisme qui serait « modéré », mais enfin passons.

La Turquie, c'est le cheval de Troie du fondamentalisme pour tenir l'Europe sous sa coupe, pour faire peser sur notre continent une épée de Damoclès tellement efficace que les Européens préféreront une assimilation, lente et sournoise, à un combat qui ne semble plus à leur hauteur.

Voilà pourquoi je m'oppose résolument, totalement, absolument à l'entrée de la Turquie dans l'Union européenne et même à l'ouverture de négociations allant dans ce sens.

Parlons-en, des « négociations » !

J'aimerais que l'on m'explique comment « négocier » avec un pays qui se refuse à reconnaître officiellement l'un des États membres de l'organisation dans laquelle il aspire à entrer. Je veux parler de Chypre, bien évidemment.

Comment négocier avec un État qui se refuse tout aussi obstinément à reconnaître ses responsabilités dans le génocide qui décima les Arméniens en 1915 ?

Et comment négocier avec un pays qui, le plus officiellement du monde, déclare qu'il entend rejeter l'héritage laïc d'Atatürk, le fondateur de la Turquie moderne, pour lui substituer une constitution fondamentaliste ?

Quand on me dit que la Turquie est « mûre » pour rejoindre l'Europe, cela me fait bondir.

L'Europe, je le crains, paiera très cher son aveuglement. Il est temps, grand temps d'arrêter de jouer avec le feu.

Et plus largement, prenons toutes les mesures d'urgence pour arrêter ce cancer de l'islamisme qui gangrène le monde.

CHAPITRE VIII

Le piège irakien

L'Irak, le nouveau bourbier américain ? Le cauchemar de Bush, peut-être pire que le Vietnam des années soixante et soixante-dix, disaient certains ?

Avant d'entrer dans le vif du sujet, j'aimerais me livrer à une remarque préliminaire : la guerre en Irak a remis en question, c'est vrai, l'hyper-puissance américaine. Après avoir atteint son apogée dans les années quatre-vingt-dix, à la suite de l'effondrement du bloc soviétique et du communisme mondial, la puissance américaine est entrée dans une phase chaotique.

C'est bien normal, après l'apogée, se présente en toute logique un chemin moins favorable. Les observateurs n'ont pas à l'esprit, semble-t-il, un élément essentiel, pourtant fondamental dans l'analyse des États-Unis.

Il s'agit, tout simplement, du fait que les États-Unis sont une puissance comme les autres qui, à un moment de son histoire, est montée en régime, a développé son influence dans les affaires du monde, avant de devenir l'une des deux superpuissances, puis enfin d'être la seule nation, au plan planétaire, à atteindre ce que je nomme « l'hyper-puissance ».

Mais comme tous les empires de ce monde, les États-Unis sont susceptibles de connaître, dans l'avenir, la perte d'influence et la relégation au deuxième rang peut-être. Nul État n'est à l'abri. De son piédestal mondial, quelle position aura cette nation face à ce que devient la Chine par exemple ? Après tout, les États-Unis n'ont pas reçu un mandat divin leur donnant vocation à dominer la planète jusqu'à la fin des temps.

Malgré mon grand respect pour ce pays, je pense qu'il contient aussi les germes d'une certaine fragilité. Ces remarques, on ne les voit figurer nulle part aux États-Unis et pour cause : une puissance qui avoue ses faiblesses n'a bien sûr pas intérêt à les reconnaître, à les proclamer à la face du monde.

On l'a pourtant constaté à plusieurs reprises et encore tout récemment, en septembre 2005, avec le drame qui a pratiquement rayé de la carte La Nouvelle-Orléans, en Louisiane. L'absence de précautions élémentaires, l'incompétence, l'inefficacité, l'explosion d'une violence sociale contenue depuis des dizaines d'années, ont soudain ouvert les yeux du monde entier.

Voir George Bush prolonger son week-end de deux jours alors qu'on déplorait des centaines de milliers de victimes et plus de 10 000 morts a été du plus mauvais effet.

Voir l'une des villes les plus importantes du pays, du point de vue du patrimoine historique et culturel, en perdition, en décomposition, ne peut rester sans conséquence.

Ce drame a mis en lumière plusieurs éléments jusqu'ici restés enfouis : une nouvelle fois, comme pour les attentats du 11 septembre, l'incroyable vulnérabilité de n'importe quel État, y compris celle des États-Unis, qui ont tout misé sur le rêve de maîtriser l'ensemble de la planète, grâce à des moyens techniques de plus en plus sophistiqués.

Combien de victimes n'ont-elles pas crié, à la face du monde, ce que tous savaient aux États-Unis, mais ne voulaient pas se l'avouer : la société américaine est encore une société où les pauvres et les riches sont radicalement séparés, de même que les Blancs et les Noirs. Malgré la lutte pour les droits civiques, malgré Martin Luther King, malgré la fin de la ségrégation raciale officielle, malgré la tolérance de façade, les États-Unis de G. W. Bush masquent une société qui ne s'est pas véritablement unifiée, où des bouffées de haine peuvent exploser à tout instant.

Pour la Louisiane, le pays le plus puissant du monde a reçu et accepté l'aide de petites nations telles que le Sri-Lanka et le Bangladesh qui ont dépêché des secours, mettant ainsi au service des Américains leur très longue expérience de la lutte contre les éléments, de la protection d'un littoral qui peut être submergé par les flots à tout moment.

Oui, malgré sa formidable puissance, l'Amérique est vulnérable, comme tout le monde. Comme l'ont été Athènes, Rome, l'Espagne de Charles Quint, ou l'empire britannique, à travers les siècles.

Mais comment se fait-il que cette puissance, dont j'admire la force et l'esprit pionnier, suscite à ce point le rejet ? Et pas seulement le rejet par les fondamentalistes musulmans.

Je suis reconnaissant aux États-Unis de leur participation déterminante à notre liberté ; je ne peux oublier l'aide vitale qu'ils nous ont apportée pendant les conflits du XXe siècle. Cela m'autorise d'autant plus à porter un regard objectif sur leur mode de fonctionnement. Et je tiens à différencier le peuple américain de son président actuel.

La conviction qu'ont les dirigeants du bien fondé de leur système politique, économique et social, l'assurance qu'ils ont de ce que ce modèle est envié du monde entier ne cesse de me surprendre.

Par leurs maladresses, qui passent parfois pour de l'arrogance, par leur méconnaissance du monde extérieur, par leur croyance dans la supériorité absolue de leur « civilisation » et de leur système de valeurs, les États-Unis dressent contre eux l'ensemble de la planète.

Les pays d'Asie, Chine en tête, comme les pays les plus avancés parmi ceux qui se développent en Amérique latine, tel le Brésil, mais aussi l'Europe, même s'ils regardent avec envie du côté des États-Unis, les rejettent à la fois.

Les Américains voient dans la construction européenne, à juste titre d'ailleurs, une menace sur leur volonté de domination de la planète et ils essayent d'entraver la marche vers l'unité des pays du Vieux Continent. Ils tentent de diviser les membres de l'Union européenne, jouant la Pologne contre l'Allemagne, la Grande-Bretagne contre la France, l'Italie et l'Espagne contre la Grèce. Bien sûr, cette démarche est vouée à l'échec. Toujours est-il que les Américains ont été stupéfiés, au printemps 2003, de la violence avec laquelle ils étaient mis en cause en Europe, par l'opposition acharnée que rencontrait leur projet de guerre contre l'Irak.

Même en Angleterre, allié privilégié, et ce malgré l'appui inconditionnel que Tony Blair a apporté, dès le début, à Bush et à sa croisade contre des « armes de destruction massive »... qu'on cherche encore !

Il s'agissait de travestir la vérité dans le seul but de donner une apparence de légitimité morale à la guerre que Bush voulait mener à tout prix. Si possible en faisant payer la facture par les pays de l'OTAN et autres « vassaux » en termes de troupes engagées et de moyens financiers mobilisés pour la conduite du conflit.

Déjà pendant la première guerre du Golfe, les États-Unis avaient présenté la note de leur intervention à l'Arabie Saoudite et au Koweït, sans oublier d'autres contributeurs, plus modestes, parmi les autres monarchies pétrolières de la région. En tout plusieurs centaines de milliards de dollars tout de même.

Mais revenons à l'Irak et cherchons les véritables raisons de l'intervention américaine.

Le fait que Saddam fût un dictateur, alors qu'il y en a des dizaines dans le monde, le fait qu'il ait eu des armes de destruction massive, le fait qu'il ait fallu y déloger des terroristes, avec le recul du temps, le monde entier a compris qu'il ne s'agissait que d'alibis.

En débarquant dans ce pays, les États-Unis ont pensé pouvoir réduire leur dépendance énergétique vis-à-vis de l'Arabie Saoudite, en lui trouvant un pays concurrent qu'ils pourraient contrôler. Le pétrole !

En renversant Saddam, l'Amérique faisait coup double. Elle rehaussait son prestige international en démontrant son engagement en faveur des valeurs démocratiques, et dans le même temps, elle faisait main basse sur l'un des pays les plus riches en hydrocarbures de la planète. Elle affaiblissait ainsi les fils de Saoud, et mettait en place un Irak moderne, qui aurait pu servir de modèle à tous les autres pays de la zone arabe.

C'en était fini de l'éternel chantage de ces princes saoudiens à l'orgueil intraitable, gouvernant un pays de moins en moins sûr politiquement, où l'islamisme exerçait ses ravages de plus en plus ouvertement, et où se recrutaient les pires ennemis de l'Amérique, comme Ben Laden.

Bien sûr, les choses ne se sont pas vraiment passées comme prévu.

L'Irak était un pays régi par une dictature sanguinaire, sans aucun conteste. Mais c'était à la fois un État laïc, tolérant du point de vue religieux, qui luttait sans merci contre le fondamentalisme. Un pays parmi les plus développés du monde arabe, à la classe moyenne nombreuse, instruite et compétente.

Arrive l'intervention américaine. Pour le peuple qui souffrait du dictateur Saddam, les Américains étaient attendus, bras ouverts. L'expérience de tous les conflits à travers les siècles prouve qu'il ne suffit pas de conquérir un pays, le plus difficile est de s'y maintenir et d'y mettre en place ses stratégies.

Une poignée de semaines seulement après la victoire des GI's, l'Irak s'est littéralement décomposé. Ses vieilles divisions, étouffées par la poigne d'acier de Saddam Hussein, ses fractures ethniques et religieuses, Kurdes contre Arabes, sunnites contre chiites, explosent au visage des Américains.

La force d'intervention américaine est indiscutablement la plus puissante. Elle est capable de tout écraser sur son passage. Elle en a les moyens, en hommes et en matériel. Mais il faut savoir gérer la présence sur le terrain avec doigté et psychologie. À la fois souple, intelligente et ferme.

Un des aspects du plan américain s'est, en apparence, déroulé comme prévu. Le vote pour l'adoption de la Constitution irakienne a été un succès. Un succès de participation avec plus de 61 % de votants, malgré les menaces d'attentats et de représailles contre ceux qui iraient aux urnes. En cela, c'est déjà un énorme succès. Le pays est en train de comprendre le sens et l'importance de la démocratie. Et à ceux qui ont critiqué et critiquent encore l'intervention américaine, je dirais que rien n'est plus important pour une nation que la démocratie.

Bien sûr, on n'y parvient rarement sans violence. Pensons un peu à notre révolution et à la Terreur qui a suivi.

En Irak, des erreurs ont été commises dès le début de l'intervention. Les frontières ont été un vrai gruyère par lequel se sont engouffrés les islamistes. Et espérons que le pays ne devienne pas une république de mollahs, car c'est ce qui risque d'arriver si on n'y prend pas garde. Ce que les ayatollahs iraniens n'ont pas réussi à faire en huit ans d'une guerre aux coûts humains colossaux, les Américains l'ont accompli dans les semaines qui ont suivi leur intervention. Ils sont parvenus à créer un chaos indescriptible dans un pays qui, quoi qu'on en pense, « fonctionnait » plutôt correctement sous la férule certes terrible du parti Ba'as.

Les faucons et stratèges du Pentagone se sont trompés, non sur la réussite de l'intervention, mais sur la réorganisation du pays. Bien sûr, Bush y est allé de son couplet sur la mission que Dieu lui a confiée comme il a eu l'inconscience de le proclamer à plusieurs reprises.

Néanmoins, aujourd'hui, l'Irak vient de prouver que la population peut se prendre en main. Cela mettra le temps qu'il faudra mais le vent de la démocratie a sonné et les Irakiens vont y prendre goût. Rappelons-nous le Liban ; après dix années de guerre civile, terriblement destructrices, le pays a retrouvé la voie de la raison.

Bien sûr, l'Irak est loin d'être nettoyé de tous les groupes islamistes qui s'y sont infiltrés. C'est encore le terrain d'entraînement de terroristes du monde entier, arabes comme occidentaux.

L'intervention américaine a comporté des erreurs, je l'ai dit. L'incapacité à assurer un minimum d'ordre aux frontières d'abord, sur le terrain ensuite, a été la plus importante. Les bavures des prisons comme celle d'Abou Ghraib ont déchaîné tous les ennemis de l'Amérique dans l'ensemble du monde arabo-musulman. On ne peut le nier.

Des ennemis « remontés » comme jamais se préparent avec enthousiasme et ferveur au combat, pour terrasser l'envahisseur qui occupe une partie de la terre d'Islam.

Il y a pire, quelque chose d'encore plus préoccupant. Au début du mois de septembre 2005, les services de renseignement de l'armée américaine ont appris une nouvelle particulièrement inquiétante.

Le jeune mais très influent imam Moqtada Al-Sadr, le dirigeant chiite le plus radical, le plus violemment opposé à la présence américaine en Irak et le plus écouté de sa communauté, qui regroupe quelque 60 % des Irakiens, au sud du pays, est entré en contact avec les principaux chefs de la rébellion sunnite, du Nord. Cet imam, qui mène une guérilla meurtrière et sans répit contre les Américains, est soutenu de manière inconditionnelle par le plus haut dirigeant chiite d'Irak, l'ayatollah Ali Sistani.

Ainsi se réalise ce que l'on pouvait craindre de pire pour l'Irak et la région du Golfe : la réconciliation des chefs religieux et militaires chiites et sunnites, violemment opposés, depuis des lustres et jusqu'à une date très récente, contre les Américains bien sûr et le gouvernement irakien qu'ils ont mis en place. Il s'agit là encore d'une erreur de calcul de la politique étrangère de l'« Oncle » Bush. Car cette alliance aussi soudaine qu'inattendue entre chiites et sunnites irakiens a d'ores et déjà de gravissimes conséquences pour l'avenir de ce pays.

Car observons un instant la Constitution irakienne. Le projet a été concocté bien sûr par les *États-Unis.* Directement élaboré par l'ambassadeur américain en Irak, avec l'aide d'un autre diplomate américain en poste dans la capitale irakienne. Mais ce texte d'inspiration libérale à l'origine est en passe d'être totalement vidé de son contenu initial.

En l'état, il était inacceptable pour tous les dirigeants religieux musulmans du pays, chiites comme sunnites, qui gouvernent de fait l'Irak. Ces derniers, grâce à leur alliance tactique, sont parvenus à en faire une sorte de *charia* bis, un projet constitutionnel digne d'un État islamiste grand teint. Ainsi ont-ils obtenu l'impensable de la part des Américains qui ont été obligés de céder, à la grande joie des islamistes d'Irak et du monde entier.

Cette reculade des États-Unis tient en une disposition, une seule, contenue dans cette Constitution, mais très lourde de conséquences, car elle ouvre la porte à toutes les interprétations, surtout les plus radicales.

C'est une petite phrase, qui n'a l'air de rien, mais qui constitue un bulletin de victoire pour tous les imams : « L'islam est la principale source du droit. » Exprimé de cette manière, cela peut paraître vague et anodin. Mais pas pour ceux qui savent lire entre les lignes, qui devinent avec quelle jubilation tous les fondamentalistes s'engouffreront dans cette brèche ouverte.

Comme si Moqtada Al-Sadr avait encore besoin de cela pour asseoir sa puissance. Après avoir mené, jusqu'en 2004, une véritable guerre contre les Anglo-Américains présents en Irak, il a certes « déposé les armes ». C'était l'époque où la coalition prétendait se saisir de lui, par tous les moyens, « mort ou vif ». Mais si ses milices ont regagné leurs foyers, en apparence du moins, il dispose encore de nombreuses troupes, civiles comme militaires ou paramilitaires et d'une clientèle qui lui est entièrement acquise.

En clair, on est passé de la guerre ouverte à la guérilla sournoise et au terrorisme. Mais, surtout, Al-Sadr a conservé tous ses bastions, toutes ses places fortes : le campus universitaire de Bassorah, l'un des plus grands du pays, ainsi que nombre de mosquées et d'hôpitaux répartis dans les principales villes irakiennes. Et, surtout, l'enclave chiite déjà islamiste de Sadr City, qui échappe totalement au contrôle des Américains et des dirigeants irakiens.

Cette banlieue pauvre et peuplée de Bagdad, offre en quelque sorte l'image prémonitoire de ce que pourrait être l'Irak sous la férule des intégristes. La ville est entièrement pavoisée au portrait de ses deux héros, Al-Sadr et le dirigeant du Hezbollah libanais. Avec de telles références, plus qu'ouvertement affichées, on devine sans beaucoup de difficultés à quel point le régime fondamentaliste chiite qui se met peu à peu en place en Irak, serait intolérant, peu libéral et non démocratique.

C'est un fait maintenant incontestable : la Constitution a été votée et en cela la démocratie a fait un grand pas, mais le contenu de cette constitution pose les bases d'un futur État islamique en Irak.

Les Américains passent la main aux Irakiens eux-mêmes pour qu'ils reprennent les rênes de leur propre pays. Depuis août 2005, il n'est plus question au Pentagone que de réduction des troupes présentes en Irak, où la situation est censée s'améliorer de jour en jour. Il suffit de prendre quelques nouvelles, même incomplètes, pour s'apercevoir qu'on est encore loin d'une paix durable.

Je connais bien ce type de guerre subversive où l'ennemi n'est pas installé clairement sur une ligne de front, mais peu apparaître à tout instant, en tout lieu. Les stratégies traditionnelles sont dénuées d'efficacité et la collaboration d'hommes du pays est essentielle.

Pour qu'un désengagement américain soit envisageable en Irak, il faudrait qu'une véritable force armée locale prenne le relais et ce, dans des délais très brefs. Ce qui s'avère impossible dans la mesure où les troupes irakiennes formées par les États-Unis ne sont ni assez nombreuses ni, surtout, assez fiables.

La situation de marasme dans laquelle se trouve l'Irak va encore durer. La mise en place de cette force irakienne sincèrement attachée au rétablissement de l'ordre prendra du temps. Ceux qui s'engagent dans ses rangs ne le font que pour des questions strictement matérielles. Et ils ne se gênent pas pour le crier sur les toits, ne serait-ce que pour échapper à la vengeance imminente de ceux, très nombreux, qui voient dans leur attitude une véritable trahison.

Les déclarations tonitruantes selon lesquelles, dès la mi-mai 2006, la réduction de moitié des troupes américaines en Irak sera effective, personne ne peut y croire. C'est encore bien trop tôt.

Sur les 150 000 combattants américains présents actuellement en Irak, 40 % sont des réservistes qui ne sont pas aussi aguerris que les militaires d'active. Leur présence se prolonge dangereusement, minant un peu plus la cote de popularité de Bush qui, avec les cyclones, n'avait pas besoin de cela.

Cette proportion de réservistes va très bientôt dépasser les 50 %, à l'occasion de la prochaine relève des troupes américaines sur ce théâtre d'opération.

Dans un rapport confidentiel, le général américain James Helmy, qui commande l'US Army Reserve (plus de 200 000 militaires, dont 15 % seulement d'active), fait part du projet du Pentagone de porter de 18 à 24 mois la durée de présence des réservistes en Irak, mais aussi en Afghanistan.

La quille, on le voit, n'est pas encore pour demain, ni même peut-être pour après-demain. Les Américains sont d'ailleurs tellement décontenancés devant la situation qui prévaut en Irak que tous les observateurs les plus compétents tombent d'accord sur un point : il est aussi urgent qu'essentiel de mettre fin à ce piège et d'organiser au plus tôt le départ d'Irak des Américains, avec le plus de précautions possible afin d'éviter une réplique de la chute de Saigon.

John Deutch, un ancien directeur de la CIA, déclare dans le *New York Times* : « La meilleure stratégie réside désormais dans un plan de retrait rapide. » Car c'est vrai que la situation sur place aurait de quoi angoisser n'importe quel dirigeant, même au caractère le plus trempé.

Les recettes pétrolières sont en chute libre, l'exploitation des gisements d'hydrocarbures étant dans certains cas stoppés par la situation insurrectionnelle du pays. Les oléoducs sont tellement systématiquement et fréquemment sabotés que, même lorsque l'extraction de brut reprend, il est impossible de l'acheminer.

Résultat, une faillite financière irakienne estimée à 383 milliards de dollars par le General Accounting Office, la Cour des comptes américaine, et un revenu par tête pour les Irakiens qui est tombé à son niveau de 1940.

Même pendant la période très dure de l'embargo, qui a duré plus de dix ans, avec comme correctif l'accord « pétrole contre nourriture » que l'ONU a dû arracher presque de force aux États-Unis, la situation des civils irakiens n'était pas aussi désastreuse.

On ne connaît toujours pas le nombre des morts, blessés et invalides à vie parmi les citoyens irakiens victimes des attentats et des diverses attaques.

N'oublions pas le gouffre exorbitant pour les finances américaines que représente le conflit depuis 2003.

Plus de 240 chars, 120 chars lourds Abrams M1 et 120 blindés Bradley, manquent déjà à l'appel. Pour l'aviation, 79 appareils, avions de combat et de transport confondus, sont déjà au tapis. Sans parler des hélicoptères, plus nombreux encore. Et ce n'est qu'un début. Car les Américains sont intimement persuadés, à juste titre d'ailleurs, que les multiples guérillas irakiennes disposent désormais de missiles sol-air russes, des SA-14 et des SA-18, qui entrent en contrebande via la Syrie, qui dispose d'une frontière longue de 620 km avec l'Irak.

Ces missiles peuvent être tirés à l'épaule, par un homme seul, sans disposer d'une maîtrise particulière des armes. Cette nouvelle plus qu'alarmante, les Américains en ont reçu la confirmation le 20 avril 2005, lorsqu'un hélicoptère bulgare, pays membre de la coalition, a été abattu, faisant 11 morts dont 6 Américains.

En tout, les dépenses guerrières américaines en Afghanistan et en Irak depuis 2001 dépassent les 300 milliards de dollars, dont 160 pour le seul théâtre d'opération irakien en seulement deux ans. Sans préjudice de « l'obole » de 80 milliards de dollars votée par le Congrès pour financer la lutte antiterroriste. Obole visiblement insuffisante puisque, pour les six prochaines années, le Congrès a accordé à cet organisme une rallonge de 202 milliards de dollars.

À titre d'exemple, la présence militaire américaine en Irak et en Afghanistan revient à plus de 5 milliards de dollars... par mois. Le cas irakien ajoute encore du piment à la situation, puisque le pays est devenu la terre d'élection du terrorisme international, exportant partout dans le monde ses attentats aveugles et meurtriers.

Devant la Commission du Renseignement du Sénat, à Washington, l'amiral américain Lowell Jacoby a déclaré : « La politique des États-Unis au Moyen-Orient alimente le ressentiment islamique. » Enfonçant le clou, il a précisé sa pensée : « Une écrasante majorité, au Maroc, en Jordanie et en Arabie Saoudite, estime que les États-Unis ont une politique néfaste vis-à-vis du monde arabe. » L'amiral Jacoby n'est pas n'importe qui et peut se permettre, je crois, de prétendre être bien renseigné : il dirige la DIA, le service de renseignement militaire américain dépendant du Pentagone, qui emploie 7000 officiers et analystes.

Dans un rapport intitulé *La menace mondiale contre les États-Unis*, il passe aux aveux : « L'Irak devient ce que l'Afghanistan représentait auprès des premières générations de djihadistes : un creuset pour les combattants venus du monde entier, un terrain d'entraînement et un centre d'endoctrinement. »

Un constat implacable, que la réalité sur le terrain ne dément pas.

En Irak, depuis 2003, les troupes américaines ont perdu plus de 2 000 hommes, sans compter les milliers de blessés, d'amputés ou d'infirmes. Ce qui est peu au regard d'autres conflits. Mais il faut souligner que sur ce chiffre, pour une armée qui pratique la « guerre de haute technologie » et non pas les combats corps à corps, plus de 90 % des pertes ont eu lieu après le renversement de Saddam Hussein.

Les déserteurs issus des rangs américains ne se comptent plus : plus de 5 000 permissionnaires ont judicieusement oublié de rejoindre leur corps depuis deux ans. Et encore ces chiffres, pertes humaines et désertions au sein des troupes américaines, sont-ils très certainement minorés. Les centres de recrutement américains n'arrivent plus à séduire de nouvelles recrues disposées à aller se battre en Irak.

Le NCTC, le Centre National de Contre-Terrorisme a recensé 651 attentats terroristes « importants » sur la planète en 2004, soit trois fois plus qu'en 2003.

Quant au général John Abizaid, qui commande depuis l'émirat du Qatar le Cent-com, l'état-major interarmées qui coiffe les troupes américaines stationnées en Irak, en Afghanistan et dans tout le Proche-Orient, il fait preuve du pessimisme le plus absolu.

Il ne prévoit pas la fin de l'occupation américaine avant 2010 au plus tôt et, dans un rapport datant de la fin du mois de juin 2005, annonce clairement la couleur : « La guerre en Irak est un marathon, pas un sprint. » Ou encore : « Il faut être réaliste, et prévoir davantage de violences encore. »

Le lecteur a déjà compris l'idée maîtresse de ce chapitre : que l'Irak est en train d'imploser si on n'y prend pas garde, si on n'y remédie pas au plus vite.

Quand on recense, en un peu plus d'un an après la difficile formation d'un gouvernement irakien, plus de 470 attentats par mois, en moyenne, contre les troupes américaines ou leurs supplétifs, je vois mal quel autre terme utiliser que celui d'implosion.

Mais le danger déborde le seul cadre national irakien. Il fait tache d'huile dans toute la région et pas seulement par le biais du terrorisme international qu'il encourage, qu'il nourrit, qu'il sécrète et qui, un jour, finira par l'emporter. Je veux parler de la situation délicate de la Syrie, pays que j'ai déjà évoqué dans ce chapitre à propos de sa frontière commune avec l'Irak.

La Syrie. Un autre État arabe laïc, lui aussi gouverné d'une main de fer par le parti Ba'as, à la fois parti frère et frère ennemi du Ba'as irakien défunt. Un pays à l'influence aussi forte que discrète dans le monde arabe, qui vient de subir un camouflet au Liban, sa chasse gardée traditionnelle depuis des décennies, à la suite de l'assassinat de l'ancien Premier ministre du Liban, Rafic Hariri. Un pays dirigé par la famille El-Assad également depuis des décennies, le fils ayant pris le relais de son père, Hafez el-Assad, dont il n'a pas la stature, il s'en faut de beaucoup. Un pays qui détient la clef de la paix entre Israël et ses voisins arabes et ce, pour plusieurs raisons :

Parce qu'il abrite sur son sol de nombreux groupes palestiniens, pas tous adeptes du terrorisme, et dont certains sont directement et officiellement affiliés à l'OLP.

Parce qu'il a un intérêt territorial et stratégique évident : récupérer le plateau du Golan que l'État hébreu lui a ravi en 1967.

Parce que l'élite au pouvoir, dont la famille El-Assad, appartient à un groupe musulman ultra-minoritaire en Syrie, celui des Alaouites, qui représente 10 % tout au plus de la population du pays. Et qui n'a donc aucun intérêt à voir se mettre en place un régime islamique.

Parce qu'il a toujours entretenu des contacts au plus haut niveau avec « l'entité sioniste », dans le secret le plus absolu bien sûr, même aux pires heures du conflit israélo-arabe.

Ce pays, la Syrie, est en passe d'être déstabilisé par les États-Unis, avec tous les risques que cela comporte pour l'équilibre et la paix de cette région, déjà ravagée par les conflits de tous ordres.

Washington accuse Damas, sans doute non sans raison, de laisser des combattants « djihadistes » s'infiltrer sur le sol irakien depuis son territoire, et de ne pas être trop regardant sur le trafic d'armes à destination des insurgés de Bagdad et d'ailleurs qui s'opère à partir de ses frontières.

Résultat : deux opérations militaires américaines menées tambour battant dans les provinces irakiennes frontalières de la Syrie. L'opération *Matador*, en mai 2005, puis l'opération *Lance*, le mois suivant.

Au programme : destruction de villages entiers, frappes aériennes, dizaines de chars et de blindés engagés dans des opérations de grande envergure, bombardements quotidiens, avec usage intensif de missiles guidés par laser, et quasi-destruction de deux localités, Al-Anbar et Al-Karabiloune.

Et les dégâts ne s'arrêtent pas là.

À plusieurs reprises, des escarmouches ont mis aux prises troupes syriennes massées à la frontière du pays et armée américaine, chaque camp s'efforçant cependant à la plus grande prudence, à la plus grande retenue. Les faucons du Pentagone se sont déchaînés contre Damas, et n'ont de cesse, depuis, bien que dans le plus grand secret, d'aller jusqu'à inclure la Syrie parmi les pays en tête de liste de « l'axe du mal » et susceptibles d'être « punis » de manière aussi expéditive que l'Irak.

Mais attention : si le régime actuel de la Syrie était renversé, le risque de voir les islamistes accéder au pouvoir est grand. N'oublions pas que la plus forte opposition syrienne est menée par les Frères Musulmans qui n'attendent que le déboulonnage de Bachar el-Hassad pour prendre les rênes d'un pays qui serait vite transformé en État islamique.

Résumons : l'Irak en passe de devenir un État démocratique oui, mais hélas à tendance sûrement fondamentaliste comme l'ont fait les mollahs les plus radicaux au pouvoir en Iran.

La Syrie comme prochaine cible de déstabilisation des stratèges en chambre de Washington, avec les islamistes tapis dans l'ombre.

L'Arabie Saoudite ravagée comme jamais par le terrorisme intégriste.

Israël aux prises avec les Palestiniens radicaux, nationalistes ou islamistes, galvanisés par le retrait de Gaza.

Toutes les monarchies pétrolières du Golfe fragilisées et prêtes à en rajouter sur l'encouragement à l'islam le plus rétrograde en échange de la paix civile…

Tel est le terrible constat malgré l'intervention américaine et alliée en Afghanistan et en Irak.

J'ai aimé et aime l'Amérique dont je suis le débiteur, comme tous les Français. Je ne peux pas oublier ces jeunes GI's venant se faire tuer sur notre sol pour défendre notre liberté.

J'admire l'esprit pionnier de ce peuple, son amour d'entreprendre, ses champions et ses grands acteurs qui m'ont fait rêver ; Anthony Quinn qui a joué mon rôle dans le film *Les Centurions*, m'écrivait tous les ans, jusqu'à sa mort.

Mais mettons-nous un instant à la place de Bush lorsque les tours se sont effondrées sous les coups des kamikazes, emportant 3 000 morts sous les décombres ; que faire ? Rester sans réagir ? Impossible.

Il a voulu alors montrer sa force, en liaison avec les Anglais, les Italiens, les Espagnols et autres troupes de la coalition, dans une opération militaire lointaine mais parfaite, que j'ai suivie heure par heure.

La réussite fut totale : Bassora, Nassiriah, Nadjaf, Kerbala, Bagdad coiffées facilement avec une population acclamant les libérateurs qui venaient enfin les débarrasser du dictateur infâme.

L'avancée militaire a formidablement fonctionné, comme on pouvait l'attendre d'une telle armée.

Mais les politiques ont pris le relais et c'est à partir de là que les choses ont mal tourné.

Les États-Unis perdent souvent le bénéfice de leurs réalisations, enchaînant les erreurs psychologiques du type de celles que j'ai déjà évoquées ici.

Que dire par exemple de l'instauration qu'ils ont faite dans un premier temps, d'un gouvernement militaire américain, gouvernement que la population (celle-là même qui les avait applaudis) a vécu comme une occupation.

N'aurait-il pas mieux valu renverser Saddam, libérer le peuple et donner immédiatement les clefs du pays aux Irakiens eux-mêmes ? Ne fallait-il pas que les Américains et les forces de la coalition se retirent aussitôt, sans chercher à s'installer, en passant les rênes du pays aux Irakiens libérés, à charge pour eux de former un gouvernement et de prendre en main les destinées de leur nouvel État ?

Les Irakiens auraient alors décidé de leur avenir en étant suffisamment responsables pour organiser leur vie dans la liberté… ou le chaos.

Mais il n'en a pas été ainsi.

On le voit, le piège irakien entraîne des conséquences incalculables qui nous préparent des lendemains encore difficiles.

CHAPITRE IX

Le choc des civilisations

La France ne vit pas enfermée dans une sorte de splendide isolement, qui serait d'ailleurs dangereux. Elle s'inscrit dans le champ des relations internationales, dans un contexte géopolitique qui est le même pour tous, qu'on le trouve bon ou mauvais.

Voilà pourquoi je consacrerai ce chapitre aux changements géopolitiques majeurs, survenus pendant les deux dernières décennies, au premier rang desquels figurent, bien sûr, la disparition de l'URSS et la fin du bloc communiste.

Avec le monde partagé en deux blocs que l'on a connu de 1945 à 1990, on était en terrain familier. C'était un ordre sinon sûr, du moins rassurant.

Sûr parce que, avec l'équilibre de la terreur, les deux supergrands, États-Unis et URSS, savaient fort bien qu'il leur fallait composer, qu'il fallait négocier afin que l'avantage que prenait l'un ne lésât pas l'autre de manière trop criante. Parce que les dirigeants américains et soviétiques étaient des adeptes de ce que l'on nomme la *realpolitik*, c'est-à-dire, pour résumer, la politique du possible et aussi parce qu'ils étaient conscients et responsables, ils ont, par la menace nucléaire certes, assuré la paix dans le monde pendant un demi-siècle.

Durant cinquante ans, les conflits entre superpuissances étaient délocalisés, menés par pays vassaux interposés et toujours très limités régionalement.

Les géants de la planète prenaient grand soin de faire en sorte que ces luttes soient suffisamment circonscrites pour ne pas faire tache d'huile dans la région ni, surtout, à l'échelle mondiale.

C'était cynique, c'est vrai, c'était injuste et choquant sur le plan moral, mais ça marchait.

De Cuba au Vietnam, de reculade soviétique en défaite américaine, un certain équilibre avait été trouvé, qui a conduit, à partir des années soixante, aux négociations géantes sur le désarmement, négociations qui se sont poursuivies jusqu'à la fin des années quatre-vingt.

Voilà pourquoi j'écris qu'il s'agissait d'un monde rassurant.

Aujourd'hui, tout a changé.

Et ce changement est tellement radical que je ne suis pas certain que les Français en aient une conscience vraiment nette.

Quel monde a remplacé le monde d'avant 1989, celui d'avant la chute du bloc soviétique ?

Un monde dangereux, imprévisible, angoissant, où tout peut arriver par la faute de têtes brûlées imperméables à l'idée de discipline collective internationale. Un monde traversé par deux lignes de fracture qui peuvent sembler totalement contradictoires et incompatibles mais qui, pourtant, coexistent bel et bien, créant un cocktail explosif à l'échelle planétaire.

L'évolution de la société mondiale peut être dangereuse, car elle fait perdre à l'observateur tous ses repères. Non seulement ses repères hérités de la guerre froide, mais aussi ses repères plus anciens, hérités du XIXe siècle.

Je résume.

Depuis, disons la Révolution française de 1789 et le XIXe siècle, et grâce notamment à la colonisation qui s'est accélérée tout au long de cette centaine d'années, on peut dire que les différentes « histoires » du monde s'imbriquaient dans une suite logique. Il y avait des pays, indépendants les uns des autres, qui tentaient de se préserver du voisin tout en faisant commerce avec lui.

On assiste aujourd'hui à un phénomène inverse, qui s'accentue de plus en plus. Nous sommes devant une évidence, celle d'appartenir à une communauté unique, qui marche, avec des à-coups certes, vers le progrès général et une amélioration progressive du sort de toute l'humanité. Plus rien n'est seulement local ou national, tout doit être considéré au plan mondial.

Cela peut paraître formidable, mais c'est aussi sacrément inquiétant. Car la mondialisation risque de nous unifier lentement, mais sûrement et dangereusement dans la mesure où elle s'avance masquée.

Quand au début de ce livre je vante ma France, telle que je l'ai connue et aimée, on peut comprendre combien on en est de plus en plus éloigné.

Que restera-t-il de cette France au milieu d'un monde qui ne pense plus qu'à l'échelle planétaire ?

L'exemple de l'Europe est clair.

Voilà un continent qui a pris une position dominante sur la planète entière. Un continent qui se construit politiquement depuis un demi-siècle, progressivement, pas à pas, après avoir réussi une intégration économique unique en son genre. Un continent ravagé par deux guerres mondiales et dans lequel on pouvait croire que les querelles de frontières étaient dépassées, mises au rancart une bonne fois pour toutes. Car à la fois, tous ces pays s'unissent pour ne former qu'un bloc fort, mais dans le même temps se multiplient les nouvelles républiques dont personnes n'avait entendu parler par le passé. C'est un paradoxe.

Comment s'est déroulée cette construction européenne.

Pendant les quinze dernières années sont apparus ou réapparus des États souverains nouveaux, certains bénéficiant d'une légitimité historique, d'autres pas.

En Tchécoslovaquie, la rupture entre les Tchèques et les Slovaques est consommée. Pourtant, jamais au grand jamais un État slovaque indépendant n'a existé dans l'histoire.

Et la Tchécoslovaquie n'était pas un pays arriéré. C'était le plus avancé économiquement de ce que l'on appelait le bloc de l'Est et le seul qui possédait une réelle culture démocratique. Ces deux éléments, richesse économique et culture libérale, expliquent sans doute d'ailleurs pourquoi c'est le dernier pays d'Europe centrale à avoir dû rejoindre le giron de Moscou, en 1948, à la suite d'un coup d'État fomenté par les communistes locaux avec l'appui on ne peut plus intéressé de Staline.

Ce pays, construit artificiellement en 1919 sur les ruines de l'empire des Habsbourg, a implosé, a donné naissance à la République tchèque d'une part et à la Slovaquie de l'autre.

Dans ce domaine, la palme revient naturellement à la Yougoslavie, ou plutôt à l'ex-Yougoslavie. Il n'avait jamais existé de Slovaquie indépendante au cours de l'histoire, pas plus que de Slovénie indépendante. Pourtant, il y a aujourd'hui un État de Slovénie, membre de l'Union européenne.

Toujours à propos de la Yougoslavie, je n'évoquerai pas les conflits sanglants qui ont déchiré cette fédération de peuples unis contre leur gré, tout le monde les a évidemment en mémoire : Serbie, Bosnie, etc.

Je pense qu'on n'a pas encore tout vu dans ce domaine. Que vont faire les Hongrois, qui lorgnent sur la province nord de la Serbie, sur des régions de Roumanie et même sur la Slovaquie, berceau historique de la nation magyare ?

La capitale slovaque, Bratislava, l'ancienne Presbourg, n'était-elle pas la ville où se faisaient couronner les rois de Hongrie ?

Plus près de nous, en Italie, des visées de même nature sont à l'œuvre.

Il y a, bien sûr, la Ligue du Nord, qui veut séparer la partie sud du pays, la plus riche, du reste de la péninsule. Quand on sait avec quelles difficultés l'Italie s'est unifiée au XIXe siècle…

Mais il y a aussi les revendications de la population de souche allemande du « Tyrol du Sud ». Ces habitants demandent leur rattachement à l'Autriche, ni plus ni moins, Autriche dont ils ont été séparés en 1919.

Toujours à nos portes, il y a la Belgique. Un cas à part, particulièrement épineux. L'éternel antagonisme entre Wallons et Flamands subsiste. Un antagonisme si profond que lorsque, par exemple, les Pays-Bas sont le pays invité d'honneur du Salon du Livre qui se tient chaque année à Paris, la Flandre belge se joint à ce « pays frère ». Et cela donne, sur tous les documents officiels « invité d'honneur : les Pays-Bas et la Flandre ». Comprenne qui pourra !

Mais il y a mieux. Parmi les sujets wallons du roi Albert II, se distinguent depuis quelques années ceux que l'on nomme les « rattachistes ». Ce sont des Belges qui demandent, ouvertement et officiellement, le rattachement de toute la Wallonie à la France. Et cela sans le moindre complexe. Il ne faut pas croire qu'ils constituent simplement un groupuscule quelque peu folklorique. Dans la province de Liège, par exemple, ils représentent une force politique puissante, qui bénéficie d'une audience extrêmement large.

Je ne suis pas belge. Mais, le serais-je que je m'inquiéterais : entre la Flandre qui demande sa réunion aux Pays-Bas et la Wallonie qui veut être rattachée à la France, quel est l'avenir de ce pays symbole de la construction européenne ? Oui, où est l'Europe dans tout ça ? On construit d'un côté une entité à vingt-cinq et dans le même temps naissent une multitude de petits États !

Plus loin de la France, il y a la bombe à retardement constituée par l'ex-URSS. Au début du siècle dernier, on l'appelait la « poudrière des Balkans ».

Aujourd'hui, il faut parler de « poudrière ex-soviétique ». Lorsque, en 1991, les quinze républiques fédérées composant l'URSS sont devenues indépendantes, on a ouvert les hostilités. Avec tous les dangers que cela comporte en matière de prolifération nucléaire et de guerres civiles.

Qui peut encore ignorer ce qui se passe en Tchétchénie ? Et qui comprend quelque chose aux revendications des Moldaves, des indépendantistes de Transnistrie, des nationalistes abkhazes, des Russes d'Ukraine ou encore des Ossètes ? Tous les jours apparaissent de nouvelles revendications de minuscules républiques dont nous n'avions jamais même entendu nommer le nom auparavant.

Encore une fois, on parle d'Europe, tous veulent entrer dans ce club riche, mais dans le même temps, chacun veut son indépendance !

Toujours sur le plan géopolitique, l'autre élément majeur des deux dernières décennies est la disparition, sur la scène internationale, de ce que l'on appelait le tiers-monde.

Le dernier demi-siècle a été marqué également par un mouvement de fond qui a radicalement modifié le visage de la planète : la décolonisation et l'accession à l'indépendance des anciennes possessions d'outre-mer des pays européens. Si quelqu'un en sait quelque chose, c'est bien moi avec mes participations actives aux deux guerres coloniales que la France a connues pendant cette période.

Or ce tiers-monde a disparu, à peu près en même temps que les deux blocs Est Ouest.

Chacun des puissants jouait de son influence sur les pays du tiers-monde, comme, par exemple un Nasser qui faisait financer tous ses travaux pharaoniques, tel le barrage d'Assouan, par des Soviétiques qui équipaient et entraînaient son armée.

Aujourd'hui les pays en voie de développement n'ont plus de tels leaders charismatiques. Plus de Nasser, plus de Nehru, plus de Soekarno. La donne a complètement changé.

Le seul leader charismatique actuel du monde arabe, je suis bien obligé de le rappeler, c'est Oussama Ben Laden !

C'est terrible à constater, mais je refuse de me voiler la face. C'est le seul qui porte un projet dans lequel beaucoup de musulmans semblent se reconnaître de par le monde. Le seul à pouvoir faire parler ces pays d'une seule voix, d'être leur porte-parole, leur étendard dans leur révolte contre l'Occident.

Et c'est bien là qu'est le problème. Le cerveau des attentats du 11 septembre est la seule voix véritablement dissidente et qui sait se faire entendre dans notre monde en voie de globalisation.

C'est un terrible constat. Le monde entier serre les coudes car nous sommes tous exposés à la même menace, celle d'un homme caché, mais connu du monde entier, qui représente la seule force capable d'unifier des musulmans sur l'ensemble de la planète, de l'Afghanistan à l'Irak, du Pakistan à l'Algérie en passant par l'Arabie Saoudite, et bien sûr ceux des islamistes qui vivent dans tous nos pays, n'attendant qu'un ordre de leur chef pour poursuivre leur croisade.

Son bras armé, Al-Qaida, est une véritable organisation internationale qui peut intervenir sur n'importe quel point du globe, qui sait trouver la bonne cible, celle qui fera mouche, en s'attaquant à tous les rouages essentiels de l'économie occidentale : les transports en commun des grandes capitales européennes, les avions de ligne, ou encore les établissements hôteliers, mais aussi aux lieux les plus symboliques du pouvoir américain : les bâtiments diplomatiques, le Pentagone ou les tours du World Trade Center.

L'islamisme, il faut absolument en être conscient, constitue à ce jour l'alternative la plus construite, la plus structurée et la plus globale qui s'oppose au modèle occidental.

La seule faiblesse d'Al-Qaida sur le plan théorique, c'est son absence totale d'ouverture politique. Car, dans ce domaine, qu'est-ce que cette organisation a à proposer ?

Rien, absolument rien, si ce n'est le retour à un islam idéalisé, à un islam « pur », celui de l'âge d'or, un islam d'autrefois nourri de nostalgie et qui, dans la pratique, n'a d'ailleurs sans doute jamais existé. C'est la seule proposition d'ordre politique de l'organisation terroriste, et on est forcé d'admettre que c'est bien peu.

Comment une organisation de ce type peut-elle bénéficier d'une telle audience dans le monde arabe ?

Une réponse me vient immédiatement à l'esprit, parmi la foule d'hypothèses possibles : la faillite due à une décolonisation bâclée.

On peut y ajouter une autre explication.

On l'a vu, le capitalisme s'est imposé partout, sans exception, même dans les pays qui se disent communistes. Or, de ce régime économique capitaliste, tous n'ont pas profité parmi les pays du défunt tiers-monde. On se souvient, dans les années quatre-vingt, du décollage économique impressionnant des pays d'Asie du Sud-Est : Singapour, Corée, Taiwan, Indonésie, Thaïlande, Philippines. Dans le même temps, l'Afrique Noire buvait la tasse. Elle était mise hors jeu, malgré les atouts dont elle dispose, notamment un sous-sol regorgeant de matières premières indispensables aux économies occidentales.

L'Afrique Noire est en perdition, malgré les centaines de milliards d'aide économique accordées depuis quarante ou cinquante ans par les anciennes puissances coloniales.

Enfin, la dernière explication, parmi toutes celles que l'on pourrait évoquer est le choc des civilisations.

De quoi s'agit-il ? Tout simplement de constater que, aujourd'hui, des civilisations entièrement distinctes de la civilisation occidentale redressent la tête et apparaissent comme des concurrentes très sérieuses du modèle de société forgé par l'Europe et les États-Unis.

La première des civilisations concernées, c'est bien sûr la civilisation arabo-musulmane, car tous les pays musulmans ne sont pas arabes. L'Indonésie, le premier pays musulman au monde en termes de population, n'est pas un pays arabe. L'Iran, le Pakistan ou l'Afghanistan ne sont pas des pays arabes. Le Mali, la Mauritanie, le Niger, le Sénégal ou le Nigéria ne sont pas non plus des pays arabes. Pourtant, toutes ces nations ont en commun le legs de l'islam, un ciment fort entre eux.

Tous ces pays sont en train de s'éloigner du modèle occidental, qu'ils rejettent de plus en plus ouvertement, pour y substituer un mode de vie qu'ils considèrent comme plus conforme à leurs racines culturelles et historiques.

La deuxième civilisation concernée est la civilisation asiatique au sens large : Japon, Chine et Inde. Trois pays qui ont beaucoup de choses en commun. Tout d'abord d'avoir vu s'épanouir sur leur sol des civilisations à la fois très anciennes et très brillantes. Ensuite de s'être fait imposer les valeurs occidentales par la force, sous la contrainte. L'Inde par la colonisation, portugaise d'abord, puis française et, surtout, anglaise bien sûr. Le Japon par la flotte américaine du Commodore Perry, qui a ouvert sur le monde, par la force des armes, ce pays vivant dans une autarcie politique, économique et culturelle à peu près totale. Cela se passait dans les années 1850, quelques décennies avant que l'empereur ne décide d'occidentaliser son pays à marche forcée.

Quant au troisième État considéré : la Chine, c'est à l'octroi de « concessions » aux pays européens, à Canton, Nankin ou Shanghai, qu'il devra ses premiers contacts durables avec l'Occident.

Un contact qui n'a pas dû être si fructueux que ça pour la Chine, puisque la fin du XIXe siècle et le début du XXe siècle seront ponctués par des révoltes anti-européennes sanglantes, dont la plus célèbre reste la guerre des Boxers.

Et ces trois pays, Inde, Japon et Chine, ont tous, à un moment ou à un autre, fait le même pari : celui de l'élève qui dépasse le maître, du vaincu qui retourne contre son vainqueur les propres armes de ce dernier.

Aussi, à des époques différentes et selon des modes variables, ces pays ont-ils décidé d'assimiler, chacun à leur rythme, la technique occidentale, afin de s'affranchir de la tutelle européenne ou américaine. Et ça a marché.

Le Japon, en matière scientifique et technique, a déjà dépassé l'Europe et est à deux doigts de rattraper l'avance américaine dans ce domaine.

En Chine on s'achemine sur la même voie et le rattrapage, en une vingtaine d'années seulement, est impressionnant.

L'Inde, dernier pays arrivé dans cette course au savoir, se révèle quant à elle un élève extrêmement doué.

Décomplexés, sûrs de leur maîtrise en matière scientifique et technique, ces pays relèvent la tête. Ils réaffirment, avec une force d'autant plus virulente qu'ils ont longtemps dû la réprimer, des valeurs qui leur sont propres. Après avoir subi nos influences, ils veulent s'en défaire et revenir à leurs propres traditions.

Résultat: malgré son attachement au passé, la Chine par exemple, vit un décollage économique à couper le souffle.

Au Japon la tradition des samouraïs kamikazes n'empêche pas, là non plus, un hyper-développement que les séquelles de la terrible défaite infligée au Japon par les deux bombes atomiques d'Hiroshima et de Nagasaki en 1945, n'ont pas affaibli.

La conclusion de tout cela, c'est que nous nous trouvons en plein paradoxe.

Certes, on trouve des McDonald's à chaque coin de rue dans toutes les villes du monde et on boit du Coca Cola sur l'ensemble de la planète. Mais la prétention de notre civilisation occidentale, européo-américaine, à imposer son mode de vie à l'ensemble de l'univers, est de plus en plus battue en brèche et trouve des concurrents plus déterminés de jour en jour.

Enfin penchons-nous un instant sur l'Afrique, qui ne suit pas ce mode de développement et qui reste perméable, pour d'autres raisons, aux influences venues d'Orient.

Au Soudan, par exemple, cela fait maintenant presque trente ans qu'une guerre civile oppose les populations arabisées et musulmanes du Nord aux Noirs, chrétiens et animistes, qui constituent la majeure partie de la population du sud de ce pays, le plus étendu du continent africain.

Active ou larvée, cette guerre civile a fait des millions de morts et de déplacés, a provoqué des famines terribles. Actuellement elle semble en voie de résolution, mais les accords d'un jour ont été tellement nombreux dans ce pays qu'il ne faut jurer de rien.

Cette guerre civile, quelle en est la cause?

La volonté des musulmans du Nord d'imposer aux habitants du Sud la loi islamique, la *charia,* loi dont les Sudistes ne veulent, bien sûr, pas entendre parler. Et ce d'autant plus qu'elle n'est en vigueur dans le Nord que depuis une vingtaine d'années seulement.

Auparavant, les normes juridiques étaient celles héritées de la colonisation anglaise, un peu aménagées depuis l'indépendance en 1956.

Le Soudan fait pourtant partie, incontestablement, de l'aire culturelle arabo-musulmane.

Cela paraît loin de nous et n'intéresse que très peu de nos concitoyens. Pourtant c'est une réalité que l'on ne peut ignorer.

Élargissons l'observation.

Le Canada ? Oui, le lecteur a bien lu. La loi islamique s'applique au Canada ! Ce pays est l'un des plus avancés et des plus tolérants du monde, sans doute un peu trop avancé et trop tolérant d'ailleurs.

Dans la province de l'Ontario, cœur économique, des tribunaux islamiques siègent de manière tout à fait officielle et rendent la justice au nom des normes musulmanes, au nom de la fameuse *charia*. L'Ontario concentre le tiers des 600 000 musulmans que compte le Canada et les mariages polygames s'y contractent en toute légalité.

De nombreux différends familiaux y sont tranchés à l'aide du droit musulman quand les justiciables en font la demande devant des tribunaux islamiques en plein développement et qui sont en passe de recevoir la consécration suprême.

Le procureur général de l'Ontario, Marion Boyd, a en effet préconisé, dans un rapport de 2004, de faciliter, au nom de la défense des minorités, l'accès à des tribunaux appliquant la *charia* pour ceux des musulmans canadiens ou résidant au

Canada qui le souhaitent. Cet arbitrage religieux d'un nouveau genre déchaîne bien sûr les passions au Canada.

Eh bien, je prends le pari qu'en France, d'ici quelques années, les idolâtres du politiquement correct feront passer pour un acte de racisme insupportable le fait de refuser à des musulmans français ou vivant en France de s'adresser à des tribunaux religieux, appliquant un droit à la fois moyenâgeux et inhumain.

Je voulais dans ce chapitre attirer l'attention des lecteurs sur les effets insoupçonnés de la mondialisation. Et je n'en ai abordé que quelques-uns !

Il y a encore bien des domaines ; au plan scientifique, aux plans technique, commercial, culturel, le nucléaire, avec les menaces nord-coréennes et la volonté iranienne de poursuivre ses expérimentations en toute liberté, la prolifération en provenance de l'ex-URSS...

Pas de doute, nous vivons dans un monde de moins en moins sûr, de plus en plus imprévisible et qui peut réserver bien des mauvaises surprises.

Même chose sur le plan sanitaire.

Dans ce domaine, la mondialisation, ce n'est pas seulement l'obésité des enfants, que les États-Unis exportent consciencieusement partout dans le monde avec leur régime alimentaire aussi déséquilibré que possible. C'est aussi le sida, le SRAS, la grippe aviaire dont on sait quelles craintes elle porte, la tuberculose qui réapparaît... Avec le développement sans précédent des liaisons aériennes rapides, n'importe quelle épidémie peut passer d'un continent à l'autre en quelques heures, d'un coup d'aile de

Boeing ou d'Airbus. Une réalité de la mondialisation que beaucoup d'entre nous ne veulent pas voir. À tort.

Pendant les deux derniers siècles, le monde entier communiait dans une véritable foi en le progrès scientifique et technique.

Aujourd'hui certains aspects de ce même progrès me font peur. Ils sont devenus menaçants, source de plus de dangers potentiels que de solutions apportées à nos problèmes.

Notre monde est de plus en plus fragilisé, de plus en plus vulnérable. Or il a longtemps cru que les avancées technologiques le garantiraient contre toute éventualité.

Si on n'y prend pas garde, si on ne sait pas gérer ses effets pervers, le progrès technique risque de contribuer trop souvent à rendre planétaires des problèmes qui n'existaient autrefois qu'à l'échelle locale, en décuplant leur ampleur et leur contagion. Aussi, plus la diffusion du progrès technique s'accélère et plus les menaces potentielles augmentent.

Voilà qui me laisse inquiet pour l'avenir du monde.

CHAPITRE X

La France prête à l'affrontement ?

Le XXIe siècle a commencé, pour moi, le 11 septembre 2001, sur le sol américain.

Ce jour-là, on a pu discerner clairement quel était le danger le plus mortel, le plus sournois aussi, pour les démocraties occidentales : l'islamisme, et le terrorisme qui constitue son mode d'action privilégié.

Le piège irakien, qui s'est refermé chaque jour un peu plus implacablement sur la première puissance mondiale, ne peut que me conforter dans cette analyse. Face à cette menace, la France est-elle prête à l'affrontement ?

Pour répondre à cette question, il faut tout d'abord mettre l'accent sur ce qui sépare la « tradition française » des méthodes américaines en matière de lutte antisubversive. Car, au Vietnam hier comme en Afghanistan ou en Irak aujourd'hui, les Américains commettent toujours la même erreur : tout miser sur la technologie.

En Afghanistan, malgré des moyens matériels considérables, malgré des informateurs nombreux et avertis de la situation locale, malgré des systèmes d'écoute par satellites très sophistiqués, en août 2005, les Américains n'avaient toujours pas capturé Oussama Ben Laden, ni même ses lieutenants les plus importants.

Le seul « coup de filet » un peu substantiel dans ce domaine est le fait des services de renseignement pakistanais, mieux introduits, on veut bien le croire, dans les diverses mouvances islamistes, que la CIA ou les agences de renseignement qui dépendent de l'armée américaine.

Encore une fois, les troupes de l'Oncle Sam appliquent, à la lutte contre le terrorisme, les moyens de la guerre conventionnelle, un domaine dans lequel ils sont depuis longtemps passés maîtres.

Mais la guerre contre Al-Qaida n'a rien à voir avec les champs de batailles des îles du Pacifique, ni avec les combats contre les troupes allemandes dans les Ardennes ou sur le Rhin.

La guerre contre Al-Qaida est une guerre de religion, une vraie, au plein sens du terme. C'est un affrontement avec un adversaire d'une détermination sans faille, qui joue sur tous les tableaux, qui met tous les atouts de son côté.

Les atouts technologiques, avec Internet ou la propagande par satellite télévisé interposé, à savoir : la chaîne basée au Qatar, Al-Jazira. Mais aussi les atouts naturels, ceux de la géographie physique : les grottes des régions les plus inaccessibles de l'Afghanistan.

Il y a aussi les atouts psychologiques qui comptent pour beaucoup.

Quel triomphe, pour les islamistes, quand on a pu prouver qu'à Guantanamo, des militaires américains profanaient le Coran !

D'un coup d'un seul, pour un grand nombre de musulmans, leur guerre ou celle que menaient leurs extrémistes, devenait justifiée, du point de vue religieux. Ils avaient ainsi la preuve que les États-Unis étaient bel et bien le pire ennemi de l'islam.

Résultat : des émeutes meurtrières en Afghanistan ainsi que dans d'autres pays, et un triomphe moral absolu pour Al-Qaida. Sans compter les plates excuses du gouvernement américain pour cet acte, il est vrai indéfendable.

Et c'est avec ce mélange de moyens rustiques, traditionnels, ancestraux, comme l'emploi de pigeons voyageurs ou de caravanes de mulets et d'un autre côté le recours systématique aux techniques de pointe les plus sophistiquées, que la mouvance islamiste a pu frapper l'Amérique au cœur, déjouant toute surveillance de la part d'un pays pourtant connu pour sa crainte maladive en matière d'accueil des étrangers.

Dans ce domaine, la tradition française est totalement différente.

Parce que la France a été confrontée très tôt, dans le cadre des guerres coloniales, à la lutte antisubversive, elle a mieux compris la particularité de cette forme de combat. Elle a compris, notamment, l'importance cruciale qui réside dans le fait d'occuper le terrain, d'assurer au pouvoir légal une présence visible partout et par tous, de quadriller inlassablement l'espace en litige.

Je ne rappellerai pas mon rôle dans la bataille d'Alger : tout le monde le connaît. Je ne rappellerai qu'un chiffre, très révélateur et plus parlant que de longs discours : 86 bombes trouvées et désamorcées en l'espace d'un mois par mes paras.

Le contact incessant avec la population, tout comme le soutien concret apporté aux franges les plus modérées des responsables locaux, font partie des règles du jeu lorsqu'on se trouve confronté à une guérilla.

Les Américains préfèrent passer en force. En outre, ils n'ont pas nécessairement l'ouverture culturelle suffisante pour savoir manier au mieux l'aspect psychologique de ce genre de conflit.

Ils sont tellement persuadés que leur modèle de civilisation est universel et que le monde entier rêve d'y accéder, qu'ils en oublient au passage certaines données essentielles.

Les traditions locales, par exemple, ou encore la susceptibilité de peuples dont la soumission politique et économique ne fait que renforcer leur fierté. Ils estiment que leur identité est plus légitime parce que plus ancienne et plus ancrée culturellement que le mode de vie américain. Ces derniers tentent toujours d'imposer leur façon de vivre, dans chaque pays où ils mettent les pieds.

Car les Américains ont peu, voire pas d'expérience de l'islam, ni des pays musulmans. Ils n'ont pas eu de colonies ou de mandats dans des pays arabes et ne connaissent pas, de façon vécue, la mentalité profonde des combattants qui leur font face. Ils ne disposent d'aucune culture de l'Orient, contrairement aux pays européens, la France en tout premier lieu.

Leurs luttes antisubversives majeures ont eu lieu au Vietnam ou en Amérique latine. Deux zones d'où l'islam est totalement absent.

Pour nous, il en va tout autrement puisque notre confrontation à l'âme arabo-musulmane remonte à l'envahissement partiel de notre pays au VIIIe siècle, puis au Moyen Âge. Avec les croisades, c'est la première fois que la France et l'islam se sont affrontés de manière directe sur un terrain extra-européen.

Nos rapports avec l'islam se sont également développés sur un terrain plus paisible. Tunis, par exemple est un lieu de mémoire pour tous les Français, dans la mesure où cette ville évoque les expéditions de Saint Louis. Il y a aussi eu, beaucoup plus tard, les ambassades dépêchées par le Shah de Perse auprès de Louis XIV. Et tous les négociants français, marseillais surtout, qui commerçaient avec ce que l'on appelait à l'époque les « Échelles du Levant » : Constantinople et ses deux villes franques, Pera et Galata, Smyrne, berceau de la famille d'Édouard Balladur, ou encore Damas, Alep, Alexandrie.

À propos d'Alexandrie, qui se souvient qu'en Égypte, avant la chute de la monarchie en 1952, le français était la deuxième langue officielle du pays, après l'arabe ? Situation d'autant plus remarquable que c'étaient les Anglais qui avaient la haute main sur la région.

Et puis il y a aussi la formidable histoire d'amour qui lie à la France les chrétiens du Liban, maronites en tête. Dans ce pays, on peut dire que la francophonie a de beaux restes. Et, bien évidemment, comment ne pas évoquer l'Algérie ?

L'Algérie, une œuvre française, comme le vantaient les brochures de l'Exposition coloniale de 1931.

Et c'est vrai. C'est bien la France qui a créé l'Algérie, un pays qui n'avait jamais existé auparavant. Ce qui existait, avant l'expédition envoyée par Charles X en 1830, c'était la « régence d'Alger », mince bande côtière qui n'était même pas indépendante, puisqu'elle payait tribut à l'Empire ottoman.

Je cesse là l'évocation de notre grandeur passée et des splendeurs de l'ancien Empire. Ces rappels ont simplement pour objet de faire prendre conscience au lecteur qu'en Orient, la France n'est pas en terrain inconnu. Mieux même, elle y compte de nombreux amis qui regrettent que nous ne nous soyons pas plus impliqués dans cette guerre.

Les États-Unis, en revanche, le sont, et totalement. Leur seul allié un peu ancien dans la région est l'Arabie Saoudite. Enfin « ancien », tout est relatif, puisque cette alliance date des années trente.

Résultat de cette amitié ? Parmi les 19 kamikazes des attentats du 11 septembre, 15 étaient des Saoudiens. De dignes compatriotes d'Oussama Ben Laden !

C'est cette méconnaissance profonde de l'islam et plus globalement du monde arabo-musulman, qui est la source des erreurs américaines dans l'approche de cette zone à la fois culturelle et géographique.

En Afghanistan par exemple, dès l'invasion soviétique de 1979, les États-Unis ont pris la décision de soutenir les mouvements fondamentalistes musulmans. Ce rapprochement avait pour but de lutter contre le communisme, parce que Washington voyait dans les talibans, de par leur attachement à un type de société traditionnel, un allié susceptible de bénéficier d'une vaste audience dans la population.

Erreur grave ! Ces groupuscules intégristes, armés, équipés et entraînés par les États-Unis étaient également financés par l'Arabie Saoudite, pays qui projetait à travers eux de prendre pied, pour la première fois, hors du monde arabe et d'y diffuser sa conception puritaine et radicale de l'islam. Hélas, ces bandes ont fait le lit du terrorisme que nous connaissons aujourd'hui, qui a engendré pendant les années quatre-vingt son héritier le plus redoutable : Al-Qaida.

Cette organisation a enrôlé des milliers de jeunes Saoudiens désœuvrés qui sont allés combattre l'ennemi soviétique en Afghanistan, y trouvant une expérience de la « guerre sainte », du « djihad », qu'ils n'allaient pas tarder à diffuser dans tous les autres pays de la zone puis, par ondes concentriques, en Afrique du Nord et en Occident, partout où se trouvaient des populations immigrées musulmanes en nombre significatif.

Or la gestion française de l'islam, d'un point de vue historique, c'est tout le contraire.

Prenons, une fois encore, le cas de l'Algérie.

Dans ce pays de forte tradition musulmane, pendant la présence française, la France a su, très intelligemment, utiliser l'islam, en se ménageant les bonnes grâces des élites locales.

En échange de la reconnaissance de leur pouvoir, et de la garantie que l'ordre social et religieux existant ne serait pas menacé, notre pays s'est attaché de manière durable cette frange très mince numériquement, mais toute-puissante économiquement, de la population locale, à savoir : les grands propriétaires fonciers, mais aussi les dignitaires religieux, notamment ceux qui géraient les fondations pieuses qui font la richesse des oulémas et marabouts du Maghreb.

Mais cette politique avait son revers de la médaille : le maintien sous une sorte de tutelle de l'immense majorité des Algériens, illettrés pour la plupart, et dépendants du bon vouloir de ces quelques féodaux algériens qui dominaient tout le pays.

Ils se gardaient bien de diffuser les bienfaits de l'éducation, de l'enseignement, que leur prodiguaient les Français. Ils devinaient trop bien tout ce qu'ils auraient eu à y perdre et notamment une partie de leurs prérogatives et de leur pouvoir.

Malgré cela, petit à petit, une classe moyenne musulmane a émergé en Algérie : médecins, avocats, professeurs.

C'est cette nouvelle élite qui est à l'origine de l'éclosion, puis du développement des mouvements nationalistes réclamant l'autonomie d'abord, puis l'indépendance. Ces dirigeants avaient bien compris la leçon de la Révolution française de 1789 et c'est au nom de ces valeurs, les valeurs officielles de la France, qu'ils vont secouer la présence coloniale.

De la même manière, il existait un véritable respect envers l'islam, de la part de la France, ce qui fait défaut aux autorités américaines quand elles se sont confrontées à ce monde si étrange pour elles.

Les scandales de ceux qui urinaient sur le Coran à Guantanamo, ou les dérives de la prison d'Abou Ghraib en Irak, où des prisonniers sont, de manière notoire, obligés à des parodies sexuelles particulièrement outrageantes pour un musulman, ne font pas partie de la tradition française.

On a beaucoup dit et écrit n'importe quoi sur la torture qui aurait été pratiquée en Algérie par nos troupes. Je peux le dire, parce que j'y étais, que, si de tels actes ont existé, ils étaient isolés.

En échange, l'approche musclée du problème était rendue absolument nécessaire pour sauver des vies, et non pas, comme dans le cas des mauvais traitements infligés par les Américains à leurs prisonniers musulmans, par un désir d'humiliation gratuite.

Il y a enfin, entre la France et les États-Unis, une dernière différence dans l'approche du monde arabo-musulman.

C'est une différence de taille et absolument capitale : la présence sur le territoire national d'une forte population d'origine arabe et musulmane. Avec l'immigration, surtout récente, disons du dernier demi-siècle, la France compte sur son sol de très nombreux Arabes et de très nombreux musulmans, français pour la plupart d'entre eux.

Ce n'est pas le cas aux États-Unis, où les immigrants ont toujours été en grande majorité européens, avec un apport africain pour la main-d'œuvre réduite en esclavage. Sans oublier, depuis une trentaine d'années, la vague latino, qui vient du Mexique, de Cuba ou de Porto Rico, ni l'immigration asiatique très vigoureuse depuis les années quatre-vingt, en provenance de Chine, de Corée ou des Philippines.

Il faut donc maintenant aborder la question sous un autre angle : celui des rapports entre la France et l'islam.

À titre personnel, j'ai été confronté très tôt à l'islam : quand j'ai servi en Algérie, dans les années cinquante. Et, déjà, l'islamisme existait. Tous les hauts dirigeants militaires en étaient conscients, moi comme les autres. Quand j'arpentais les djebels, je savais très bien que c'était l'Égypte de Nasser qui armait et finançait mes adversaires.

On pourrait croire que l'expédition de Suez, en 1956, aurait mis fin à cette situation. C'est tout le contraire. D'abord, si Suez a été une victoire militaire incontestable pour les Franco-Britanniques, elle a surtout constitué une défaite politique cinglante, pour nous.

Les États-Unis et l'URSS, suivis par une grande partie de l'opinion internationale, ont contraint la France et la Grande-Bretagne à ne pas pousser leur avantage et à offrir à Nasser, sur un plateau, la victoire diplomatique dont il n'avait sans doute jamais rêvé.

Mais, surtout, l'affaire de Suez a permis au Raïs de se débarrasser de ses ennemis les plus encombrants et les plus dangereux, les Frères Musulmans, le tout premier groupe islamiste, ainsi que je le notais dans un précédent chapitre.

En Égypte, Nasser et les Frères Musulmans avaient conclu un accord tacite. En échange d'une grande discrétion dans leur pays d'origine, ces agitateurs islamistes s'étaient vu reconnaître le droit de diffuser leur doctrine dans tout le monde arabe et notamment en Algérie.

Les liens culturels très étroits qui se sont tissés entre l'Algérie et l'Égypte à l'occasion de la guerre d'indépendance ont été le prétexte à un échange d'idées d'un ordre un peu particulier. Très rapidement, les islamistes égyptiens ont endoctriné leurs frères algériens.

Du simple combattant au responsable de *wilaya*, la contamination était totale. Les Frères Musulmans avaient beau jeu de démontrer aux Algériens que la fidélité à la langue et à la nation arabes passait d'abord par la fidélité à l'islam.

Aussi l'islamisme, absent d'Algérie à l'époque de la colonisation française, y a pris racine de manière très profonde et s'y est développé à grande vitesse.

C'est à cette époque, à partir de la deuxième moitié des années cinquante, qu'apparaissent, de manière d'ailleurs assez anarchique, tous les mouvements qui, quelques décennies plus tard, donneront naissance au FIS, le Front Islamique du Salut et autre GIA, Groupe Islamique Armé, puis aujourd'hui au GSPC, le Groupe Salafiste pour la Prédication et le Combat.

La mouvance islamiste algérienne, dès l'indépendance acquise, en 1962, a eu les coudées franches et a appuyé son expansion sur l'arabisation du pays.

Cette politique, menée notamment dans l'enseignement, d'où le français était banni ou presque, a fourni une occasion idéale pour imposer des thèmes qui, à l'origine du moins, étaient étrangers aux nationalistes algériens. Les élites francophones étaient décimées, des coopérants égyptiens se chargeaient de diffuser la bonne parole islamiste marquant ainsi, en profondeur, les esprits algériens.

Aussi, lorsqu'on évoque la très forte population d'origine algérienne présente en France, il ne faut pas oublier le passé. L'héritage des Algériens depuis l'indépendance de ce pays, c'est aussi l'islamisme.

Et c'est là que se situe pour nous le danger.

Les racines des mouvements nationalistes et des mouvements islamistes sont radicalement différentes :

– Les nationalistes s'appuyaient, ou s'appuient encore, sur l'exigence qu'ils ont de la liberté. Tout le contraire de l'islamisme.

– Les islamistes ne se fondent que sur la haine et la destruction, sur la mort et l'anéantissement de ceux qui ne partagent pas leurs idées.

Leur obscurantisme fait leur fierté et ils le proclament ouvertement. Ils se vantent de son caractère rétrograde, s'en drapent comme d'un étendard. Ils revendiquent leur refus du progrès sous quelque forme que ce soit et leur répulsion pour la liberté.

Ils recrutent essentiellement dans les couches les plus défavorisées de la population des jeunes complètement paumés, sans repères, qui auraient pu aussi bien tomber dans la drogue, mais qui font le choix de devenir des agents islamistes.

Leurs motivations sont souvent simples : se faire respecter de leur entourage, se faire craindre pour exister. Et quand ils ont subi un véritable bourrage de crâne, un lavage de cerveau, ils vont à l'occasion se perfectionner en Afghanistan, en Irak, au Pakistan ou en Arabie Saoudite.

Et ce sont ces déracinés sans repères, habités par des envies de nous détruire, qui prolifèrent dans nos banlieues. Au point que les Renseignements généraux s'en alarment.

D'après un rapport remis en juin 2005 au ministre de l'Intérieur, près de 2 millions de personnes seraient concernés par ce phénomène de concentration et de manipulation extrêmement dangereux pour notre pays. Il y a, sur notre territoire, des quartiers sensibles, par centaines (650 dénombrés actuellement) qui nécessitent une surveillance constante des RG. C'est alarmant !

Forte concentration de familles immigrées cumulant les handicaps sociaux et culturels, pauvreté… : tous les ingrédients sont réunis pour aboutir à une situation explosive, dont les imams les plus radicaux se réjouissent, puisque c'est là qu'ils puisent leurs adeptes.

J'ai déjà évoqué le cas de Trappes, en région parisienne, cette enclave islamique pour ne pas dire islamiste, des Yvelines.

En Angleterre, durement touchée par le terrorisme intégriste, on parle du « Londonistan » pour qualifier les quartiers de la capitale peuplés en majorité par des musulmans. En France, nous nous engageons, lentement mais sûrement, dans cette voie.

Si j'évoque à nouveau le cas de Trappes, où les islamistes les plus radicaux font ouvertement la loi, c'est pour tirer la sonnette d'alarme.

Parce que le cas des cités de cette banlieue dortoir n'est pas unique et que cet exemple offre comme un miroir grossissant de toutes les dérives auxquelles la France s'expose si, rapidement, des mesures ne sont pas prises pour mettre fin à cette situation inacceptable.

La situation est extrêmement inquiétante. Il y a vraiment urgence !

Alors, la France est-elle prête à l'affrontement ?

J'ai bien peur que non.

Et cela pour plusieurs raisons.

La toute première, c'est que la France n'est plus une société homogène et structurée. Le corps social du pays n'est plus sain.

Qu'est-ce qu'un corps social sain ?

Une population qui sait conserver la mémoire du passé et des combats collectifs qui ont été menés. Ce n'est plus le cas de notre pays. La transmission ne se fait plus et les commémorations les plus solennelles font plutôt rire qu'autre chose.

Qu'il s'agisse de la fête nationale, le 14-Juillet, ou du souvenir des deux guerres mondiales, le 11 novembre et le 8 mai, de la guerre d'Indochine, ou de celle d'Algérie, de moins en moins de Français se sentent concernés.

On n'a pas besoin d'être ancien combattant ou d'avoir vécu pendant ces années-là pour être conscient de l'importance que revêtent ces conflits pour notre pays.

Non, c'est un phénomène beaucoup plus général : du « je-m'en-foutisme » !

On croirait qu'il s'agit d'une véritable volonté de tirer un trait sur notre passé commun et sur les luttes de nos anciens. Le refus de tenir compte de ces combats qui nous ont donné une France libérée !

Une certaine pensée dite « intellectuelle » ne veut plus entendre parler de ces actes glorieux et tout ce qu'ils signifient de sacrifices d'engagement et de solidarité nationale.

Les techno-parades et la Gay Pride, la Marche des Fiertés, semblent revêtir, aux yeux de nos contemporains, une importance symbolique supérieure à celle du souvenir de nos morts tombés pour la patrie.

On ne passe plus le témoin aux jeunes générations, on ne leur fait plus partager l'expérience de ceux qui les ont précédés. La geste des combattants de la Grande Guerre de 14-18 a nourri toute ma jeunesse. Et après le deuxième conflit mondial, avec les états et actions formidables de la Résistance, après les guerres coloniales, nos dirigeants n'ont pas su insuffler, par l'éducation et l'enseignement, le souvenir et le respect des générations passées.

Pire, on insulte la mémoire des morts et on souille celle des vivants. Les tombes des Maghrébins tombés pour la France en 1870, entre 1914 et 1918 ou entre 1939 et 1945 sont régulièrement profanées par de jeunes imbéciles, qui y voient une sorte de jeu.

Et, parmi les immigrés de souche sénégalaise ou malienne, combien ont en mémoire les actions d'éclat de leurs aïeux à Monte Cassino, ou lors du débarquement en Provence ? Car notre société pratique envers la mémoire des guerres récentes une véritable politique de l'oubli.

Quant au sort des survivants il n'est pas plus enviable. On accuse sans le moindre début de commencement de preuves certains officiers dignes et responsables d'avoir pratiqué la torture. J'ai fait moi-même l'expérience de ces calomnies. J'ai parfois l'impression d'être le dernier des Mohicans, un chaînon de plus en plus fragile d'une mémoire qui tend à se détourner des valeurs dans lesquelles on m'a élevé.

La deuxième raison qui me fait, malheureusement, douter de la détermination des Français dans le combat qui s'annonce a trait, également, aux mentalités d'une grande partie de nos concitoyens. C'est la question centrale de l'identité :

La France n'est plus fière de son identité !

Elle semble en avoir quasiment honte et préfère visiblement ne voir que la civilisation black-blanc-beur, à l'image de l'équipe de France de football qui a remporté la coupe du monde en 1998 et la coupe d'Europe en 2000.

Oui, je suis fier moi aussi de cet exemple, mais il est hélas l'un des très rares cas positifs.

L'ancien musée des Colonies, près du bois de Vincennes à Paris, va être totalement refait pour devenir « la Cité nationale de l'histoire de l'immigration ». Tout un symbole. Et ce sera, évidemment, un « lieu de mémoire et d'éducation ».

Je souhaite vivre encore dans une société française fière de ses racines et de sa spécificité. Et ce n'est pas une question de couleur de peau. C'est une question d'état d'esprit, d'attitude. Aujourd'hui, défendre l'identité française vous fait souvent suspecter d'être un suppôt du Front national, ce qui n'est absolument pas le cas en ce qui me concerne. J'ai du respect pour un Le Pen, tout comme pour Arlette Laguillier parce que tous deux sont adeptes de ma devise « Être et durer » !

L'aveuglement de nos gouvernants, inertes devant les dérives d'un certain islam, a déjà eu lieu.

En subventionnant des associations dites « culturelles » qui sont en fait des associations religieuses, notoirement fondées pour assurer le fonctionnement de mosquées ou de salles de prières, les dirigeants de notre pays font le lit de l'islamisme.

Ils pratiquent en faveur de l'islam une discrimination scandaleuse dans cette course à la subvention.

Or l'Église catholique, à laquelle appartient, du moins culturellement, l'immense majorité des Français, ne bénéficie pas de telles subventions, de telles facilités.

C'est même plutôt le contraire.

Si jamais un lieu de culte chrétien recevait une quelconque aide financière, même versée pour sauvegarder et restaurer des trésors de l'art religieux qu'abritent certaines de nos églises, on peut imaginer le tollé que cela soulèverait dans une certaine presse !

La troisième raison réside dans le fait que les représentants de l'autorité de l'État, ceux qui incarnent nos institutions, n'osent plus « aller au contact », n'osent plus occuper le terrain. Des enseignants dans les collèges et lycées des quartiers difficiles aux forces de l'ordre dans les cités, il existe, dans notre société, un penchant coupable pour laisser à elles-mêmes les populations les plus fragilisées par la montée de l'islamisme.

Mon éditeur me racontait récemment que dans la banlieue parisienne, alors qu'il demandait au président d'une université qu'elle était la spécialité de l'établissement, le droit? la littérature? les sciences? le responsable lui a répondu, «chez nous la spécialité c'est l'appel aux CRS. Deux à trois fois par semaine, nous sommes obligés d'avoir recours aux forces de police pour rétablir l'ordre et enseigner aux délinquants, ou aux autres voyous potentiels, la discipline, le respect de l'autre et de leurs professeurs!».
Une cécité que le pays risque de payer très cher à force de déserter et de fuir ses responsabilités.

Les ennemis de la République risquent de s'installer à demeure. La guérilla urbaine à Alger ou celles qui nous arrivent à Paris ou dans d'autres banlieues se combattent par les mêmes méthodes, par la même politique.

Il faut que nous cessions de nous enfermer, de nous barricader derrière de hauts murs que nous croyons, à tort, protecteurs.

La seule protection réellement efficace qui vaille, c'est de sortir la France de son inertie, de sa surdité et de son aveuglement.

CHAPITRE XI

Sortir la France de sa torpeur

Je ne cesse de l'écrire tout au long de ces pages, la France est entrée dans un processus de déliquescence. J'ai l'impression tenace que, si le cours des choses ne change pas radicalement, le pays va à sa perte. Qu'il est en voie de désagrégation et que ce n'est pas son identité seule qui est menacée, mais bel et bien jusqu'à son existence.

Et je le répète, sans craindre de lasser le lecteur, la France traverse une crise très profonde, à la fois politique, économique et surtout, morale.

C'est donc à un réarmement moral du pays que je veux appeler en rédigeant ces pages, afin de conjurer la menace qui risque de nous engloutir corps et biens.

Sur le plan politique, la France a besoin d'une rupture radicale avec son passé récent, d'une véritable refondation. Elle doit savoir se donner à un vrai chef, un homme de valeur, qui saura la redresser tout en étant respectueux des libertés démocratiques. Un autre de Gaulle, en somme. Un homme qui saurait se mettre tout entier à son service, sans magouilles, sans en retirer pour lui-même le moindre profit, mais qui se donnerait entièrement, et de façon désintéressée, au sauvetage du pays, à la relance de la France.

De tels hommes, avec le sens du sacrifice rivé au corps, sont rares aujourd'hui ; surtout dans le personnel politique français. Alors, autant dire que ce leader charismatique, ce dirigeant qui saura faire preuve de l'autorité nécessaire pour nous sortir de l'ornière, je ne le vois pas présent parmi nos innombrables carriéristes de la vie publique.

Je suis conscient que de tels propos peuvent prêter à une certaine confusion. Mais précisons tout de suite mes sensibilités.

Je ne suis absolument pas partisan du Front national, comme je l'ai dit, ni de son dirigeant bien connu, et je ne fais pas non plus partie des « grenouilles qui demandent un roi », pour reprendre le titre de l'une des fables de La Fontaine.

Je n'appelle pas non plus à la création d'une dictature contemporaine d'un Franco ou d'un Salazar. Simplement, je l'ai toujours largement déclaré : mon seul parti, c'est la France. Et dans cette France d'aujourd'hui, je crois que les choses sont allées trop loin dans l'oubli de certaines valeurs pour que notre pays n'ait pas besoin d'un choc très profond dans son mode de gouvernement, ainsi que dans les mentalités collectives qui en découlent.

Je me bornerai donc à explorer quelques pistes, libre au lecteur de nourrir par la suite ses réflexions à partir des idées que je jette sur ces pages.

En tout premier lieu, j'aimerais me livrer à un constat qui me semble essentiel. Car, sans prise de conscience lucide de la situation réelle du pays, rien d'utile ne peut être fait. Avant d'agir, il faut avoir le courage de scruter la réalité, de regarder la France, en face. Et quel est le constat ?

Tout simplement que je ne suis pas le seul à lancer des cris d'alarme, à dire, « stop, ça va trop loin ». Les sacs entiers de courriers reçus chaque jour en témoignent. Des lettres émouvantes, révoltées, dont les auteurs disséminés dans toute la France, crient leur ras-le-bol !

Récemment, le 7 juillet 2005, se tenait à Paris la première réunion du groupe X-Sursaut, composé des polytechniciens les plus éminents du pays, soit l'élite de l'élite française. Ce club de réflexion se donne pour mission de remettre l'entreprise France sur les rails. Elle en a bien besoin. Et je ne résiste pas à l'envie de reproduire quelques lignes de la lettre d'invitation à cette réunion, car elles résument parfaitement ma pensée :

« *Nous sommes subrepticement engagés dans un processus de décrochage qui peut nous conduire, si rien n'est fait, à une situation, à terme d'une dizaine d'années, difficilement réversible... Notre pays est simultanément confronté, désormais, au triple choc des évolutions des technologies, de la démographie et de la mondialisation, il pourrait, suivant la façon dont il y sera fait face, précipiter ce qui deviendrait alors notre déclin ou renforcer nos chances... Cela ne peut aller sans un sursaut immédiat et un renversement de certains choix... Les réformes sont donc possibles et urgentes.* »

Ce texte, j'aurais pu l'écrire. C'est exactement ce que je clame depuis des années.

Parmi les « puissances invitantes » à cette réunion figurait Claude Bébéar. L'un des plus grands dirigeants économiques du pays, le fondateur d'AXA, le mastodonte de l'assurance et l'éminence grise du patronat français. Ce n'est pas un homme irresponsable qui tient des propos catastrophistes pour épater la galerie.

Eh bien, Claude Bébéar va encore plus loin.

Dans un entretien au journal *L'Équipe,* paru le 13 juillet 2005, il identifie les causes. «*À l'heure actuelle il y a un fort rejet de Jacques Chirac, non seulement en France mais dans le monde... Notre président est décrédibilisé. J'espère qu'il ne fera pas l'erreur de se représenter dans deux ans.*»

Il ne faut pas croire que je veuille m'acharner sur l'actuel président de la République. Mais quand on occupe depuis dix ans la fonction suprême, et qu'on a mis ses amis à tous les postes de décision d'un pays dont on contrôle absolument tous les pouvoirs, on est forcément responsable.

Ce que je constate, depuis 1995, c'est la perte d'audience de la France dans le monde. Avec Mitterrand, c'est vrai, les idées de 68 étaient arrivées au pouvoir. Sur le plan intérieur, cela a été, selon moi, une catastrophe.

Mais, sur le plan extérieur, la France restait un pays hautement respecté, écouté par la communauté internationale et qui conservait un prestige intact.

Si j'avais besoin de nouvelles preuves de ce que je viens d'affirmer, les réactions de la presse internationale me les auraient fournies. Et par brassées entières !

Au lendemain de ce 29 mai – date du référendum sur la Constitution européenne – qui a été un véritable séisme, je n'ai pas pu m'empêcher de me livrer à une revue de presse internationale. Nous en prenions vraiment pour notre grade, c'est le moins qu'on puisse dire. Jamais, je dois l'avouer, je n'avais lu autant de commentaires acerbes, défaitistes, négatifs sur notre pays, sur l'esprit des Français comme sur ceux qui nous gouvernent, sur l'absolu besoin de réformes et sur l'héritage abandonné du général de Gaulle.

À la lecture de cette presse étrangère, celle qui reflète l'avis des gouvernants et des peuples, nous avons perdu notre beau prestige. La France est la risée du monde entier. Et parmi nos attitudes, pour le moins discutables, parmi les nombreuses « repentances », comme on jargonne aujourd'hui, la plus récente vaut le détour.

C'était à Madagascar, un pays que je connais bien pour y avoir vécu lorsque je commandais les forces françaises de l'océan Indien. En visite officielle dans ce pays, en juillet 2005, Chirac a présenté les excuses de la France pour la répression musclée de l'insurrection de 1947, répression que je me refuse à qualifier de « massacres ». Cela donnait, dans le texte : « *Il faut évoquer les pages sombres de notre histoire commune et avoir conscience du caractère inacceptable des répressions engendrées par les dérives du système colonial.* »

Mais pourquoi aller se coucher comme ça, alors que tout le monde sait qu'il s'agissait d'une autre époque ? Pourquoi éprouver le besoin de se repentir, quand les autres ne le font pas, quand les autres, de plus, ne l'exigent pas et comprennent mieux la situation que nous ne la comprenons nous-mêmes ?

La réponse du président malgache Ravalomanana en est la meilleure preuve :

« *C'est du passé. Je suis né en 1949, et non en 1947. Je pense à l'avenir. Ce n'est pas une source de blocage pour travailler ensemble.* »

C'est lui qui a raison.

Dans tous les cas, de ce passé colonial, il nous faut tourner la page. Des erreurs ont été faites, et pas seulement par la France. Ceux qui étaient en face de nous ont commis aussi des atrocités. Mieux vaut toutes les oublier, pour regarder ensemble vers l'avenir.

La conclusion de cette échappée sur la politique étrangère de la France, européenne ou extra-européenne, est claire : la toute première priorité de celui qui songerait à régénérer notre pays est de lui restituer son rang sur la scène internationale, un rang qui doit être incontesté.

Quant à la politique intérieure, j'aimerais en évoquer deux aspects, qui sont au cœur de la crise actuelle : la justice et les affaires.

En ce qui concerne la justice, je suis partisan d'une indépendance totale du pouvoir judiciaire. Il faut que le cordon ombilical avec les dirigeants politiques soit coupé. Une fois pour toutes. Il faut des juges responsables de leurs actes, qui puissent être sanctionnés pour leurs erreurs aussi, par leurs supérieurs hiérarchiques.

Les Français ne retrouveront confiance dans les institutions du pays que si la justice est crédible. Si on reste dans l'illustration de l'adage « selon que vous serez puissants ou misérables », la crise morale du pays continuera de plus belle. Et le lien social, déjà très distendu, sera foutu.

Combien de temps faudra-t-il pour le renouer ?

On ne peut accepter qu'il y ait deux types de justice. Les coquins, qu'ils soient anciens ministres ou députés, hommes politiques ou hommes d'affaires, doivent répondre de leurs actes devant la justice et devant tous les citoyens. Comme tout individu, riche ou pauvre, puissant ou anonyme.

Et si cette réforme est urgente, c'est parce qu'il y a eu et qu'il y a encore des « affaires », des magouilles, en haut lieu, qui entachent l'image de la France, comme celle de notre ancien ambassadeur à l'ONU qui trafiquait avec le régime de Saddam pendant l'embargo et la période « Pétrole contre nourriture ».

Depuis des dizaines d'années, le pays vit au rythme des scandales politico-financiers, feuilletons à rebondissements qui commencent sérieusement à lasser les Français.

Dans ce domaine, des exemples récents me semblent particulièrement révélateurs d'une dérive inadmissible. Encore plus inadmissible que chez un Français moyen quand ces comportements répréhensibles viennent de dirigeants politiques qui doivent, avant tout, donner l'exemple, au lieu de se complaire dans le « faites ce que je dis, et pas ce que je fais » : ceux qui votent les lois et sont les premiers à les bafouer. Comment veut-on ensuite que les voyous ne suivent pas l'exemple venu du haut ?

Qu'est devenue cette affaire Euralair, en passe d'être également « oubliée » ? Une plainte a été déposée en décembre 2003 par un ancien salarié d'Euralair, une compagnie aérienne aujourd'hui en faillite, qui s'était fait une spécialité, pendant des années, de transporter gracieusement la suite élyséenne.

Au moment où j'écris ces lignes, en novembre 2005, cela fait presque vingt mois que la justice en est saisie, sans qu'aucune instruction judiciaire ait encore été ouverte. Et on en est à la troisième enquête préliminaire pendant que les salariés, licenciés à la suite du dépôt de bilan de leur entreprise, sont allés pointer au chômage.

Et que penser de cette affaire Gaymard, ancien ministre des Finances, qui se trouvait, à son insu, habiter un appartement de 600 m^2 !

Nous avons eu dix ministres des Finances en dix ans, de 1995 à 2005. Comment gouverner un pays dans de telles conditions ? Le grand argentier de la nation doit être non seulement irréprochable, mais surtout, insoupçonnable. Il en va de la crédibilité de la France et de l'efficacité, ou de l'inefficacité, à gouverner.

Je pourrais, sur les affaires, rédiger des livres entiers. Mais en résumé, que faut-il retenir de ce constat ? Tout simplement que, pour sortir la France de sa torpeur, l'une des toutes premières conditions est de restaurer la morale publique dans le pays.

Morale publique sans laquelle rien ne peut être fait de durable, car les Français n'ont plus confiance dans les hommes qui les gouvernent actuellement. Ils les prennent pour des margoulins et croient que ces responsables politiques pensent d'abord à eux, avant de se soucier du bien commun et du sort de leurs concitoyens.

Nos dirigeants doivent être des gens propres, irréprochables, ce ne sera qu'à cette seule condition qu'on pourra au moins les écouter et les prendre au sérieux.

Restons dans le domaine de la politique intérieure.

Ce qui fait le plus défaut à la France actuellement, et ce qu'il est urgentissime de retrouver au plus tôt, c'est la dignité et le sens réel de la démocratie.

La droite ne doit pas avoir honte d'être la droite, et doit pouvoir afficher et défendre ses valeurs comme telle, sans se soucier du terrorisme intellectuel pratiqué par les petits marquis d'une certaine gauche caviar.

Cependant, la dualité gauche droite peut nous être profitable. Après tout, pour marcher, un homme a besoin de ses deux jambes. Un pays aussi. Voilà pourquoi, à côté d'une gauche qui ne fait pas mystère de ses opinions et de ses choix, il doit exister une droite qui soit une droite authentique, fière de ses idées et prête à les mettre en pratique une fois arrivée au pouvoir.

Il faut sortir du consensus mou qui est en train de détruire notre pays, à force de vouloir plaire à toutes les minorités possibles et imaginables, sexuelles, religieuses ou ethniques. Il faut avoir le courage d'abandonner le politiquement correct et de poursuivre son chemin, sans culpabiliser les électeurs. C'est pourtant cette dernière option qui a été choisie pendant la campagne du référendum sur la Constitution européenne.

Que n'a-t-on pas entendu si le « non » l'emportait ! La France serait exclue de l'Union européenne, le pays serait ruiné du jour au lendemain, le ciel nous tomberait sur la tête. En clair, on donnait en apparence le choix aux Français, tout en leur disant : « Vous n'avez pas le droit moral de voter non. » À quoi sert, dans ces conditions, une consultation électorale ?

Là, les Français ont donné une sacrée leçon aux politiques et, plus largement, aux élites qui font l'opinion, ou du moins qui croient la faire.

Dominique de Villepin a été nommé Premier ministre au début du mois de juin 2005. Avec lui un nouveau souffle devait parcourir la France. Il devait faire la preuve d'une volonté politique réelle de la part de nos gouvernants pour procéder à de vraies réformes, à des réformes de fond.

En quelques mois on ne compte plus les reculades, l'incapacité à faire bouger les choses, l'impossibilité d'insuffler à notre pays le réel élan d'énergie dont il a tant besoin. L'impression d'un blocage qui empêche toute véritable innovation.

Oui, en quelques mois, sept reculades que je cite à titre d'exemples, et pas des moindres.

La réforme de la taxe professionnelle, un problème essentiel pour tous les entrepreneurs: ajournée, mise en sommeil.

La loi Fillon sur l'Éducation: prudemment remisée dans les tiroirs de nos chers technocrates, au cas où cette réforme, pourtant vitale pour notre système éducatif, donc pour notre avenir, donnerait des boutons à nos gentils lycéens.

Abandon du jour travaillé de la Pentecôte, une mesure pourtant symbolique de la solidarité entre générations.

Lamentable cafouillage dans la privatisation des autoroutes, alors que l'État a un besoin urgent de nouvelles ressources.

Dans le même registre, Raffarin prévoit une baisse de 12000 postes de fonctionnaires, qui passe à 5 000 avec le nouveau gouvernement.

Etc., etc., et j'en passe de ces exemples de changement de cap au moindre soubresaut de tel syndicat ou de tel groupe de pression. Il est vraiment grand temps, décidément, qu'une autre politique puisse réellement être menée et que nous nous en donnions les moyens. Il n'y a guère qu'avec la SNCM où la fermeté a payé. Mais peut-être dans ce cas, les révélations sur les habitudes délictueuses d'une partie du personnel ont-elles contribué à la résolution du problème.

Au début de ce chapitre, j'évoquais une triple crise: politique, économique et morale. Le blocage que l'on constate sur le plan politique existe aussi dans le domaine économique : c'est même là qu'il est le plus criant.

Du point de vue économique, les Français doivent comprendre une chose : nous sommes sortis de cette période faste de l'après-guerre qui a duré un demi-siècle, ou peu s'en faut. Cette époque aisée qui nous a apporté tous les avantages est derrière nous. Loin derrière.

C'est dur à avaler, mais c'est comme ça. Et les Français doivent avoir le courage de regarder cette réalité en face.

Les retraites dont les générations actives, entre 1945 et 1990, pour simplifier, bénéficient, sont vouées à rester une exception dans notre système économique. Et non pas la règle, comme le croient tant de nos concitoyens. J'ose le dire, j'ose l'écrire, ce niveau exceptionnel des retraites, du jamais vu dans notre histoire, ne se reproduira sans doute plus. La récente refonte de notre système de pensions par Raffarin en est la meilleure preuve.

Il faut avoir le courage de remettre en cause les avantages hérités de cette période riche, les fameux « acquis sociaux ».

Et les 35 heures, de ce point de vue, ne vont pas dans le bon sens. En proclamant qu'on peut gagner autant, sinon plus, en travaillant moins, on démobilise les Français pour en faire des assistés. On décourage les efforts et les initiatives, alors que c'est tout le contraire qu'il faut faire.

Ceux qui prennent des risques, ceux qui entreprennent, doivent pouvoir bénéficier du fruit de leur travail, sans être montrés du doigt comme de gros capitalistes coupables « d'exploiter » une main-d'œuvre qui, en France, est vraiment très loin d'être à plaindre.

Que dire de ce « modèle français » en matière économique quand on a une dette publique aussi forte ? La France est paralysée sur ce plan. On ne peut pas entreprendre de grands projets, conçus pour le long terme, quand le poids du remboursement de la dette est écrasant !

Entre janvier et mai 2005, la charge de ce fardeau s'est encore accrue de 30 milliards d'euros. Combien de projets utiles pour l'avenir de la France pourrait-on financer avec une somme pareille ?

En juin 2005, le gouverneur de la Banque de France a dénoncé l'état de la dette publique, passée de 56,2 % du produit intérieur brut en 2001 à 64,7 % en 2004. Il doit avoir l'impression de crier dans le désert. Rappelons simplement que les critères de Maastricht exigent une proportion de la dette inférieure ou égale à 60 % du produit intérieur brut.

Autre spécificité française : l'importance des prélèvements obligatoires, c'est-à-dire des impôts, taxes, redevances et cotisations de tous ordres. En France, ils dépassent, depuis longtemps d'ailleurs, les 40 % du produit intérieur brut, c'est-à-dire des richesses créées chaque année par notre travail. En clair, chaque fois que nous produisons un euro, la moitié ou presque sert à remplir les caisses de l'État.

Giscard, mon président, qui a fait de moi un apprenti politique, disait : « au-delà de 40 %, on change de société ». Et il avait raison.

Le Japon ou les États-Unis auraient beaucoup de leçons à nous donner dans le domaine économique. Ce sont des pays dynamiques, travailleurs. Je ne peux pas penser que ce qu'ils réussissent, la France soit incapable de le réaliser. Pourtant, il faut croire que c'est le cas. Le modèle français n'a que des échecs à proposer, en matière de chômage et de déficits.

Souvenons-nous. Dans les années quatre-vingt et quatre-vingt-dix, pendant le deuxième septennat de Mitterrand, la règle d'or qui régissait l'économie française, c'était le « ni-ni ». Ni nationalisations ni privatisations ! Un immobilisme facile qui permet de différer indéfiniment les choix économiques les plus importants, les plus impopulaires aussi. Une politique à courte vue fondée sur l'électoralisme, et seulement sur cela. Certainement pas sur les intérêts réels de l'économie française.

Aujourd'hui nous avons le « et-et » : le cycle infernal chômage et déficits. Et cela ne va pas s'arranger si l'on s'obstine à des reculades permanentes.

Avec la concurrence de près d'un milliard et demi de Chinois et d'un milliard d'Indiens, les uns et les autres bien formés et performants, notre manière de voir les choses doit changer, doit évoluer. C'est devenu une question de survie !

En France, on le sait, le chômage avoisine les 10 %. Plus de 2,5 millions de personnes inscrites à l'aide alimentaire. Un taux de pauvreté supérieur à 10 % de la population, dont 1 million d'enfants. L'absence de toute couverture médicale pour 3 millions de personnes. Et un Français sur cinq, soit 20 % de la population active, est sans aucune qualification professionnelle. Que peuvent attendre ces derniers, avec les coûts de la main-d'œuvre française, dans la compétition de plus en plus rude que se livrent les économies mondiales ?

Le « ni-ni » d'avant suivi du « et-et » d'aujourd'hui nous mènent tout droit à la catastrophe.

Sortir la France de sa torpeur c'est, dans ce domaine, changer radicalement de politique économique et accepter des choix douloureux. Et ceux qui les feront, s'il y en a, devront accepter d'assumer ce changement du point de vue politique. En cessant une fois pour toutes d'appeler à la rescousse le marchand de sable, pour qu'il vienne bercer les Français d'illusions et les laissent endormis sur les réalités de la compétition économique mondiale.

Et ces décisions doivent être prises rapidement, afin de sortir au plus vite de ce véritable cercle vicieux : pas de croissance sans réformes, mais pas de réformes politiquement « acceptables » sans croissance.

Reste l'aspect de la question qui me tient le plus à cœur : le réarmement moral du pays, clef de voûte pour sortir la France de sa torpeur.

Dans ce domaine, une constatation s'impose. Prise, là encore, dans l'ordre des données économiques. Quels sont les deux plus gros budgets de l'État ? Celui de l'Éducation nationale, d'abord, puis celui de la Défense. C'est dans ces deux domaines-là que l'on doit agir au plus tôt, que l'on doit faire porter tous nos efforts.

L'Éducation nationale.

Une vraie forteresse, le temple de la pensée 68 que j'ai si souvent dénoncée. Un État dans l'État, doublé d'une redoutable machine de guerre pour briser en profondeur tout ce qui peut s'opposer à ses vues soi-disant « progressistes ». Dès qu'il est question de mettre un peu plus d'instruction civique au programme, de donner sur la colonisation française un autre regard que celui des « porteurs de valises » du FLN, c'est le tollé.

Il faut impérativement casser ce moule démoralisant, en décentralisant le système éducatif, comme cela est le cas en

Allemagne ou en Angleterre. De ce point de vue, les quelques mesures, certes bien timides, prises en son temps par Raffarin vont dans le bon sens. Il faut rendre à l'enseignement public un pluralisme qu'il n'a plus depuis longtemps, depuis qu'il a été pris en otage par une clique passée sans transition des barricades de la rue Gay-Lussac à Paris aux bureaux des rectorats.

La Défense maintenant.

La capacité d'un pays à résister par les armes à un adversaire est quelque chose d'absolument vital et crucial. Vital pour l'existence de la France et crucial pour l'esprit de combat qui doit animer ses habitants. Dans ce domaine, il n'y a aucune économie à faire. Bien au contraire. On doit plutôt rompre avec une politique du « flux tendu » qui porte en permanence nos forces armées à l'extrême limite, ou presque, de leur point de rupture. Tout cela à cause d'une professionnalisation bâclée, d'une « avancée » démagogique, la fin de la conscription, que rien n'est venu remplacer.

La conscription, on le sait, je suis pour. « J'étais » pour, devrais-je dire ! Elle est, selon moi, l'outil idéal pour donner aux jeunes la fierté d'être français et pour entretenir cette fierté. Elle permet de dépasser les clivages sociaux et de faire vivre concrètement ce qui compose la nation et sa défense par les armes.

Réarmement moral : il n'y a aucun domaine dans lequel cette expression soit mieux choisie que dans celui de la Défense. Voilà pourquoi je suis partisan d'une forte augmentation du budget consacré aux armées, ainsi que de l'effectif des personnels affectés à la défense du pays.

En 2004, le budget de la Défense s'élevait à 41,5 milliards d'euros. Soit à peine plus que dix ans auparavant, en 1994, année où il atteignait presque les 37 milliards d'euros. Mais, en dix ans, beaucoup de choses ont changé. Les 440 000 personnes qui servent dans nos armées, pour être polyvalentes, ne sont pas pour autant taillables et corvéables à merci. Devant la menace terroriste, notre politique de défense doit changer. Il faut recruter, et recruter en masse, afin que, sur tous les théâtres d'opération où la France est engagée, nos hommes puissent faire preuve d'une vraie efficacité. Avec ce que cela suppose comme matériel, alors que 65 % de notre budget militaire sert à payer les soldes, les pensions, le carburant et l'alimentation.

En d'autres termes, la multiplication des zones d'intervention de l'armée française, tout comme le passage à l'armée de métier, exigent des moyens que les politiques se refusent à lui donner. Un peu moins de 500 000 hommes pour défendre un pays membre permanent du Conseil de sécurité de l'ONU, détenteur du troisième domaine maritime mondial et possesseur de l'arme nucléaire, c'est bien peu. Surtout quand ce pays conserve des liens très forts avec certaines de ses anciennes colonies, africaines notamment.

Paris paie la solde des militaires de Centrafrique et le traitement des fonctionnaires de ce pays. Et les exemples de ce type sont hélas trop nombreux. Mais la France se refuse à donner à ses propres forces militaires les moyens d'action sans lesquels la notion de défense perd tout son sens.

Là encore, je veux croire que les Français sauront voir clair.

CHAPITRE XII

Mon école de la vie

Que l'on soit riche ou pauvre, con ou glorieux, la vie reste un combat jusqu'à notre dernier souffle. Cette formule, je l'emploie souvent parce que je pense qu'elle résume très bien, en fin de compte, la condition humaine. La vieillesse est un naufrage, chacun le sait, et la mienne ne fait pas exception à la règle. Pourtant, à 90 berges, je continue de lutter, pied à pied, contre tous les tracas quotidiens, contre toutes les facilités qui, si l'on n'y prend pas garde, font de nous des assistés, des grabataires, des légumes ayant perdu jusqu'à l'idée de ce qu'est l'autonomie. Bien sûr, je pense à ceux que la vie n'a pas gâtés et aussi à ceux qui deviendront des centenaires.

Cet axiome qui a gouverné toute mon existence, « la vie est un combat », j'aimerais l'illustrer dans ce chapitre, à travers mon parcours tant professionnel que personnel.

Tout d'abord, je tiens à clarifier les choses sur ce que j'entends réellement, par cette formule :

la lutte que je prône est, avant tout, une lutte contre soi-même, pour être toujours fort, toujours s'obliger à se maintenir, sinon à se surpasser. Tout faire chaque jour pour être mieux demain qu'aujourd'hui et mieux dominer ses propres faiblesses pour qu'elles ne prennent pas la tête des opérations.

Le combat qui est essentiel pour moi n'est pas un combat qui humilie, qui rabaisse. Bien au contraire. C'est un combat qui permet à chacun d'entre nous de se dépasser, de donner le meilleur de soi-même, de découvrir en soi des qualités, des possibilités qu'on ignorait même.

Tout au long de ma carrière, j'ai été en contact avec des jeunes ; jeunes engagés ou jeunes appelés, comme à travers les centaines de lettres que je reçois d'une génération qui parfois n'est même pas encore parvenue à l'âge adulte. Voilà pourquoi, lorsque j'évoque le sujet, je sais de quoi je parle. Et je dois dire que des métamorphoses, j'en ai vu beaucoup.

Combien d'hommes se sont vraiment révélés à eux-mêmes grâce à l'expérience de l'armée ?

Beaucoup, et pour cause : j'ai toujours tout fait, quand j'étais en situation de commandement, pour que ceux qui servaient sous les drapeaux quittent l'armée plus forts moralement et physiquement qu'ils n'y étaient arrivés. Plus structurés, plus construits aussi, ayant appris à la fois les règles de la vie en commun, avec la solidarité qu'elle impose, et l'esprit de sacrifice, sacrifice gratuit, dont on n'attend aucune récompense. Simplement parce que c'est avec des valeurs de ce type que l'on est vraiment un homme digne, un homme debout.

L'armée ! Elle a été toute ma vie, ou presque. Ma carrière a toujours passé avant tout et, je dois l'avouer, avant ma famille. Je dis souvent, d'ailleurs, que les paras ont été ma seconde famille et peut-être même la première même à certains moments de ma vie.

Gaby, ma femme, et Marie-France, ma fille, ne m'en voudront pas. Pour elles, ce n'est pas une découverte. Elles connaissent l'une et l'autre la sincérité de l'amour que je leur porte, mais elles savent aussi ce qui m'a toujours fait avancer : le service de la France, la fierté de lutter pour la gloire de notre pays, pour sa défense, pour son rayonnement.

Elles ont toujours compris mes désirs de réussite. Parti de rien, j'éprouvais des besoins impérieux de me réaliser et seule la vie militaire pouvait m'offrir cette perspective.

J'étais fait pour ça, j'avais la vocation, j'étais un mordu, un vrai.

Mais encore faut-il savoir de quelle armée on parle. L'armée dirigée par une caste aristocratique pleine de morgue et hermétiquement fermée à ceux qui ne font pas partie du sérail, ça n'a jamais été et ne sera jamais mon truc.

Mon armée à moi est celle d'un homme issu d'un milieu simple, qui n'a pas fait d'études et qui a commencé à travailler à l'âge de 14 ans comme employé de banque, tout au bas de l'échelle. L'armée des conscrits de 1792, du peuple en armes qui se lève en masse pour défendre la patrie en danger, jusqu'à sa dernière goutte de sang. L'armée d'un Napoléon, dont chaque soldat savait qu'il avait un bâton de maréchal potentiel dans sa besace.

Je suis un homme sorti du rang et très fier de l'être.

Bien sûr, il n'a pas toujours été simple de faire mon chemin dans cette armée française. « Le colonel était d'Action française », chantait Maurice Chevalier à la fin des années trente, avant d'ajouter, dans le refrain, que « tout ça, ça fait d'excellents Français ». Moi j'étais le bidasse, le deuxième classe, l'obscur, le sans-grade. Et on me l'a souvent fait sentir.

Quand je servais au Sénégal, alors colonie française, au fin fond de la brousse, avec Gaby, seule femme présente dans ce trou perdu en peine forêt, j'ai eu l'occasion de mieux comprendre ce qu'était la « lutte des classes » dans l'armée.

À l'époque j'étais à la fois chef comptable et adjudant de compagnie. En outre, je supervisais les activités sportives de notre unité. En bref, c'est moi qui, déjà, faisais tourner la boutique.

Eh bien, pendant tout mon séjour là-bas, les lieutenants qui étaient présents ne nous ont jamais invités, Gaby et moi, ne serait-ce que pour prendre un verre. Au point que nous évitions de passer devant leurs cases. Non pas qu'ils fussent méchants ou désobligeants. Pas le moins du monde. Ils étaient polis et courtois. Simplement, nous ne faisions pas partie du même monde, c'est tout. Heureusement, nous n'en sommes plus là en 2006.

À l'inverse, j'ai rencontré des hommes tout à fait exceptionnels, sur le plan militaire, politique, comme sur le plan humain. De ces hommes qui savent ne jamais accorder trop d'importance à l'origine sociale de ceux que l'on commande. Cette vérité première, je n'ai pas eu à l'apprendre. Quand on est comme moi un fils du peuple, parti de rien, seul avec ses idées, on sait, on sent, de manière instinctive, ce qu'il faut faire et ce qu'il ne faut pas faire. Et la première chose que j'ai comprise, c'est qu'on ne fait jamais rien quand on est seul.

Voilà pourquoi j'ai toujours voulu être un exemple pour mes hommes, être quelqu'un de propre, qu'on avait envie de suivre, avec qui on voulait aller au combat. Le succès d'une armée, d'une entreprise ou d'un pays dépend, avant toute chose, de la qualité du chef, de celui qui dirige. Je l'ai répété à longueur de pages dans ce livre, car ce qui est valable pour une entreprise l'est également pour la tête du pays, comme pour un bataillon.

Celui qui dirige ne doit pas oublier une donnée essentielle : il doit se remettre en question en permanence. Que ce soit en Indochine ou en Algérie, les parachutistes, et tous ceux que j'avais l'honneur et la chance de commander, étaient mes frères d'armes ; pas mes subordonnés. Un pour tous et tous pour un. Je faisais corps avec eux.

Et chez les paras, tout le monde sait comment ça se passe : c'est à qui sera le meilleur.

Alors oui, je savais qu'avec eux je pouvais aller n'importe où, parce qu'un homme bien formé en vaut cent qui ne le seraient pas. Je les appelais souvent par leur prénom et ça ne m'empêchait pas d'être respecté. C'était même le contraire. Quand j'étais confronté à une situation conflictuelle, je réglais vite le problème. Je disais simplement « fais pas le con, ou je te casse la gueule » et on passait à autre chose.

C'est sans doute pour ça, pour cette qualité de contact, que j'ai eu une telle passion pour mes hommes, qui me le rendaient bien d'ailleurs. Certains d'entre eux m'écrivent encore aujourd'hui et tous me rappellent les mêmes mots, qui me vont droit au cœur : « avec vous, c'était différent ».

Autant dire donc que cette armée, je l'ai bien connue, et que je l'ai vue changer.

J'ai souvent été cassé, ou à deux doigts de l'être, parce que je refusais de me transformer en carpette.

J'ai souvent eu raison trop tôt, par exemple quand je préconisais une nouvelle tactique fondée sur la lutte antisubversive. La bataille d'Alger m'a donné raison sur ce point.

Rappelons-le, mes hommes, pendant cette « bataille » d'un genre très particulier, ont battu des records de résultat dans un temps limité à un mois, en matière de lutte contre le terrorisme. Le contexte de l'époque m'apparaît parfois comme la répétition générale, la préfiguration de ce qui risque bientôt de se passer chez nous si l'on n'y prend pas garde, si l'on ne s'y prépare pas.

Cette armée que j'ai vu se transformer en profondeur, j'ai pu prendre la mesure de son désarroi quand Valéry Giscard d'Estaing, un grand monsieur, dont j'apprécie aussi bien l'immense intelligence que la très grande classe, m'a nommé secrétaire d'État à la Défense. C'était en 1975, quand Jacques Chirac était Premier ministre. Je rappelle brièvement le contexte :

Ce que l'on appelait alors « le malaise de l'armée » pouvait se définir comme la démoralisation, le dénigrement et la démolition systématique de tout ce qui était établi, de toutes les valeurs de rigueur et de discipline.

Les idées issues de Mai 68 avaient fait leur chemin, et s'étaient peu à peu imposées dans l'esprit de beaucoup de jeunes. C'était l'époque du gauchisme triomphant, du rêve communiste pour ceux qui n'avaient aucune idée de la réalité que cachait cet idéal :

Tous égaux, les fainéants comme les travailleurs, pas de riche, pas de propriété privée, tout pour le peuple... C'était l'utopie communiste qui a montré son vrai visage et ses limites avec la chute du mur de Berlin.

Confrontés à des «comités de soldats», sorte de soviets du pauvre à la française, les cadres de l'armée étaient totalement désemparés. Ils ne savaient plus comment gagner le respect et la confiance de ces jeunes, en lutte contre toutes les formes d'autorité et qui rejetaient, par principe, l'idée de discipline.

Pour un défi, c'était un sacré défi. Sans doute le plus difficile que j'aie eu à relever de toute ma carrière. Et c'est justement parce que je suis un homme de terrain, un homme qui n'a pas été formé dans l'atmosphère guindée et théorique des états-majors, que le président Giscard d'Estaing a fait appel à moi.

Je n'étais pourtant pas, auprès de beaucoup, en odeur de sainteté dans la haute hiérarchie militaire. Je ne donnerais qu'un exemple, un seul: je suis resté colonel dix années durant, avant d'être, enfin, promu général.

Dix ans! Une période de «pénitence» incroyablement longue, surtout pour un homme comme moi. Sans verser dans l'autosatisfaction, je crois pouvoir dire que j'avais fait plus que mes preuves sur de nombreux théâtres d'opération et que me laisser croupir pendant tout ce temps dans un grade dont j'avais très vite fait le tour relevait clairement de la mise au placard.

Le général Salan disait même que j'aurais dû être nommé colonel dès mon retour d'Indochine et général après mes exploits dans les *Nemenchas* d'Algérie et dans le Sahara.

Mais je ne regrette pas d'avoir réussi à transmettre l'expérience que j'ai pu me bâtir sur le terrain avant d'entendre les théories fumeuses de stratèges en chambre, nommés généraux, eux, au bout de seulement deux ou trois ans de commandement dans une unité. Et pendant ces dix ans, j'ai continué à faire ce que j'ai fait toute ma vie : me battre.

Voilà pourquoi le laisser-aller et la dégradation de notre société me font craindre le pire : parce qu'on n'apprend plus aux gens à se battre, à lutter.

Arrêtons-nous encore sur le problème du terrorisme islamiste :

L'Europe, l'Europe des 25, croit être une forteresse imprenable, tellement bien défendue qu'aucun danger ne peut la menacer. Elle est fière de sa puissance économique, de sa richesse, du niveau de vie de ses habitants, de ses institutions politiques, des démocraties qui fonctionnent plutôt bien, même si évidemment beaucoup de choses sont perfectibles.

Eh bien l'Europe, ce colosse aux pieds d'argile, ce « tigre de papier » comme diraient les Chinois, se trompe. Elle est en guerre, déjà, mais elle ne veut pas le voir, elle ne veut pas le savoir. Elle se croit protégée, prémunie contre toute attaque et refuse de se confronter à la réalité des faits.

Or cette réalité, c'est qu'elle est encerclée, infiltrée. Une guerre sournoise de subversion souterraine s'insinue un peu plus chaque jour. Pour ne pas en être conscient, il faudrait être aveugle ou stupide.

Faut-il rappeler le nombre de réseaux islamistes qui trouvent en Europe des bases arrière accueillantes et complaisantes ? J'en ai déjà parlé dans certains chapitres précédents. Et si j'aborde à nouveau ce thème en fin de livre, c'est pour bien insister sur l'ampleur de ce danger car j'ai souvent l'impression que les Français ne veulent pas y prêter attention. Un peu la politique de l'autruche : on ne veut pas regarder en face, la menace qui plane.

D'une certaine manière, cela me rappelle la guerre d'Indochine :

À l'époque je me battais pour la France bien sûr, mais aussi pour la défense du monde libre, pour l'Occident, contre le communisme. Aussi quand je voyais en Métropole les trains transportant les prisonniers enfin libérés par les Viets recevoir une pluie de cailloux lancés par quelques gauchistes inconscients... quand j'apprenais que des militants du Parti communiste français avaient saboté les armes et les munitions qu'on envoyait dans les zones de combat, ça me mettait dans des états de colère qui me tordaient l'estomac.

L'ennemi, aujourd'hui, ce ne sont plus les communistes. Leur influence électorale est réduite en France à néant, ou peu s'en faut. Sauf pour le reste de la gauche, en particulier les socialistes qui courent après les voix que les communistes n'ont pas données à Jospin ! Mais autrement, la grande réussite des communistes est d'avoir fait un grand pas en arrière par rapport aux années cinquante, quand le PCF possédait une influence énorme, notamment dans les milieux intellectuels.

Sur le plan extérieur, de nos jours, le communisme est moribond. Cuba, une république bananière en sursis, gangrenée par la corruption et les contradictions internes. La Corée du Nord, un Disneyland stalinien où règnent des famines dignes du Moyen Âge, qui ne doit sa survie qu'au chantage nucléaire qu'elle exerce à tout propos et surtout hors de propos.

Au Vietnam, qui, évidemment, n'est pas pour moi un pays comme un autre, on sent bien que le communisme n'est qu'une façade. C'est, au fond, leur fidélité à cette forme de patriotisme avec lequel ils ont gagné leur indépendance, parce qu'au

Vietnam, cette lutte a été menée principalement par des communistes.

Je suis certain que, les années et le développement économique aidant, cette grande nation saura sortir de cette confusion et comprendre que la fierté nationale n'est pas obligatoirement liée à l'existence d'un système communiste, essentiellement politique et théorique. Pour qui connaît un peu le Vietnam actuel, on sait bien que son économie est de plus en plus ouverte et libérale.

Quant à la Chine, je ne suis pas sûr que ce pays soit, à proprement parler, communiste.

D'abord, et ce point est capital, sur le plan économique, la Chine est bien éloignée du socialisme, tel qu'on le décrivait il y a encore quelques années. C'est au contraire un État qui, en termes d'économie de marché, pourrait en remontrer à beaucoup d'autres se réclamant du capitalisme.

Son système politique en place tient bon. Mais jusqu'à quand? Dans la Chine, je vois un pays qui a lui seul est presque un continent, un empire ancien, formidablement puissant, habitué depuis plus de 2000 ans à dominer sa zone géographique et qui a retrouvé sa puissance à travers un régime qu'il a totalement absorbé et adapté à son génie national propre. Ce n'est pas la Chine qui est devenue communiste, c'est le communisme qui est devenu chinois.

On vient de le voir, ce n'est plus le communisme qui est l'ennemi. L'ennemi, c'est le repli frileux sur le règne sans partage du fric et de la facilité, le refus de l'effort, l'abandon de toutes les valeurs qui, siècle après siècle, ont façonné notre pays.

À mon âge, on en a vu des changements !

Pour moi, le tournant a eu lieu au début des années quatre-vingt, quand Mitterrand est devenu président de la République. Avec lui c'étaient les « non-valeurs » de 68 qui arrivaient au pouvoir, portées par toute une génération qui avait fait ses classes dans la vie politique du côté de l'extrême gauche.

Jospin, bien sûr, dont personne n'oublie les années trotskistes, mais aussi Henri Weber, l'un des principaux dirigeants du mouvement étudiant de Mai, avec Cohn-Bendit. Ou encore Michel Rocard, qui en 1968 comptait déjà comme quelqu'un de très important au PSU. C'est avec eux que les valeurs de combat, tant individuel que collectif, ont sombré corps et biens, laissant les jeunes générations dans un monde sans repères, sans cadre, sans ambition. C'est avec eux qu'on a parlé d'arrêter les essais nucléaires, ou de désarmer les avions de guerre exposés au Bourget.

Et cette culture de la lutte, du combat, si elle fait défaut sur le plan extérieur, manque aussi sur le plan intérieur.

Nos économies, ce n'est un secret pour personne, sont en lutte contre le chômage. Une lutte aussi importante que celle contre le terrorisme. Les deux sont liées d'ailleurs. Et je considère de mon devoir de dire que l'Europe, avec un système de protection sociale étouffant, surprotecteur, surdéveloppé et qui n'incite plus au travail ou à l'effort, est en partie responsable de ce chômage, tellement pratique pour certains qui ne veulent rien faire. Ceux-là, ceux qui ne souhaitent absolument pas reprendre un emploi et il y en a parmi les chômeurs, vivent mieux en bénéficiant d'allocations toujours plus généreuses.

Alors oui, dans ces conditions, d'une certaine manière, on les comprend : pourquoi se fatiguer à des tâches ingrates et mal payées, alors qu'Assedic et autres RMI permettent de se la couler douce en toute liberté ?

Oui, je redoute un terrible retour de bâton. Car si les sociétés européennes, et la nôtre en particulier, ne savent plus se battre, elles sont confrontées à des adversaires qui, sur le plan de la guerre économique, sont autrement plus offensifs que nous.

J'évoquais le cas de la Chine, là-bas l'on sait encore ce que signifient travail et sacrifice, accepter un salaire pour nous dérisoire et scandaleux mais, pour un Chinois, synonyme de promotion sociale par rapport à sa condition, dans des campagnes surpeuplées et sous-productives.

Le récent débat sur les importations textiles en provenance de Chine, importations face auxquelles les productions européennes ne peuvent lutter, est un triste exemple de nos faiblesses. Ce problème, tout comme l'incroyable dynamisme économique de la Chine en général, mais même de l'Asie entière, devrait nous réveiller, nous ouvrir les yeux, nous obliger à nous poser des questions, à remettre en cause quelques-unes de nos certitudes.

Eh bien non. Ici, on en est encore à des arguties sur les 35 heures, sur le lundi de Pentecôte travaillé, ou encore sur les contrats à durée déterminée de deux ans proposés par Villepin !

Parfois je me dis que le monde est devenu fou, et que la France marche sur la tête. Mais si cette apathie se limitait au domaine économique, cela m'inquiéterait moins. Ce qui me désole réellement, c'est de voir que la volonté nationale a disparu, par la même occasion. C'est-à-dire la volonté de former une communauté unie, fière de sa cohésion et qui veut garder son destin en main, afin que l'avenir soit aussi brillant que le passé, et pour longtemps : la volonté d'être une nation libre et indépendante, tout simplement.

Mon expérience, en Indochine comme en Algérie, m'a permis de voir, et de très près, ce qu'était un peuple épris de liberté, un peuple animé d'une volonté farouche de préservation et d'indépendance.

Ceux qui me connaissent le savent bien, je respecte toujours l'adversaire, surtout quand il se bat avec courage. Nos sociétés ignorent totalement ce que sont des combattants aux mains nues, luttant avec des moyens dérisoires contre une armée mille fois mieux équipée et entraînée que ne le sont leurs propres troupes, vietcongs ou fellaghas. Ces combattants-là, ce qui les portait, ce qui leur faisait déplacer des montagnes, c'était leur foi en la valeur de leur pays et de leur peuple.

Une vertu disparue de notre paysage mental français et européen.

Nous avons eu pourtant un avant-goût de ce dont sont capables ces désespérés qui n'ont, eux, rien à perdre, ou si peu. Je veux évidemment parler des kamikazes islamistes qui, de Bagdad à New York, de Bali à Washington, de Londres à Karachi, ou de Casablanca à Kaboul ont tellement fait parler d'eux ces dernières années, et continuent à le faire. À eux, le sacrifice, le don total d'eux-mêmes ne font pas peur. Ils sont endoctrinés par une idéologie structurée qui leur apprend le mépris des biens de ce monde et la gloire pour celui qui combat l'infidèle.

Ce que les Chinois sont à l'économie, les activistes issus du monde arabo-musulmans le sont au monde politique et aux rapports de force entre grandes civilisations.

On peut toujours objecter que l'Occident exerce une suprématie technologique si écrasante que les actes isolés de quelques excités ne représentent pas une menace pour l'avenir de nos économies, pour l'avenir de nos nations.

C'est commettre une lourde erreur. Et les Américains en savent quelque chose.

Tous ceux qui se souviennent de la guerre du Vietnam se rappellent que le pays le plus puissant du monde, le pays dont l'armée utilisait les techniques de pointe les plus sophistiquées, s'est fait battre à plates coutures par des paysans qui vivaient parfois dans des galeries souterraines creusées dans le sol et qui taillaient des routes à la machette à travers la jungle. Tout comme la France l'a vécu quelques années auparavant face à ces peuples courageux.

Il y a plus grave. On se tromperait lourdement si on croyait que les militants islamistes sont des attardés moyenâgeux, férus de religion uniquement.

On le sait depuis longtemps, dans toutes les universités du monde arabe, ce sont les facultés scientifiques et techniques qui comptent les plus forts contingents d'étudiants islamistes. Parce que ces derniers ont compris, justement, que la supériorité technique de l'Occident était le seul obstacle qui les privait de la victoire, la seule et unique supériorité de nos sociétés par rapport aux leurs.

Alors, voir en eux de doux obscurantistes intéressés seulement par l'interprétation des paroles du Prophète et le port du voile par les femmes, c'est se préparer au pire !

Je veux croire que notre civilisation saura discerner le danger à temps et surtout le conjurer. Pour ce qu'il me reste à vivre, c'est de ce combat dont je fais la priorité des priorités, c'est pour cette lutte que je veux, encore une fois, répondre « présent ».

Depuis le début de ce chapitre, j'évoque mon école de la vie d'un point de vue surtout professionnel. Or ce livre est mon dernier livre, je le sais. Je ne me berce pas d'illusion : 90 berges suffisent au parcours d'un homme sur cette terre.

Mais qu'est-ce qu'un homme, sans la femme ?

De ma fille Marie-France, je me refuse à aborder la vie. Je respecte des pudeurs qui, chez une fille et vis-à-vis de son père, sont légitimes. Je ne l'évoquerai donc que pour lui dire toute la joie que j'éprouve à la savoir toujours à mes côtés, à un âge où, je risque d'avoir de plus en plus besoin d'elle.

Merci mille fois Marie-France, pour l'amour que tu m'as toujours donné, pour ta disponibilité, pour la délicatesse dont tu as toujours fait preuve envers moi. Sache seulement une chose : quand j'ai appris ta naissance si loin de moi, alors que je servais au Tonkin, j'ai ressenti le bonheur le plus intense qui soit.

La première femme de ma vie, comme pour tous les enfants, a été ma mère. Un personnage. Pas vraiment le genre effacé et accommodant. Une femme de caractère, une femme de tête. En un mot une maîtresse femme, pour employer une expression qui résume parfaitement ce qu'elle était. Je suis bien obligé de le reconnaître : dans le couple que formaient mes parents, c'est ma mère qui, incontestablement, « portait la culotte ». Mon père filait doux, ravi au fond que tout soit organisé sans qu'il ait à se préoccuper de rien. C'est à cette mère d'exception que je dois la formation de mon caractère, ma formation morale aussi.

C'est à elle que je suis redevable de ma volonté, de mon attitude fonceuse et combative. C'est contre elle que j'ai mené mes premiers combats. Pas toujours victorieux, il faut bien le dire. C'est en me confrontant à elle que, peu à peu, je me suis émancipé, j'ai gagné mon autonomie.

Combien de fois, sur le terrain, quand j'étais dans une mauvaise passe, me suis-je surpris à penser : « Toujours plus facile que d'affronter la vieille ! » comme je l'appelais affectueusement.

Aujourd'hui, bien des années après sa mort, Gaby ne parle d'elle qu'en l'appelant « la mère Bigeard ». Elle se souvient encore combien elle tremblait devant elle.

Quand nous nous sommes mariés, à Nice, le 6 janvier 1942, nous ne l'avons pas invitée. Nous craignions trop son caractère, ses emportements, l'emprise qu'elle aurait sans doute voulu exercer sur nous, un tout jeune couple.

Non, à notre mariage, ce sont mon père et ma future belle-mère qui représentaient nos familles respectives ; la mère de Gaby était aussi douce que la mienne était autoritaire. Une femme qui n'a connu dans sa vie que le travail, surtout après la mort de son mari, ancien combattant de la Grande Guerre, mort des suites d'un gazage dans les tranchées. Un mariage en tout petit comité d'ailleurs. C'était l'occupation et seuls nos témoins étaient présents, à la mairie comme à l'église.

L'église, c'est Gaby qui l'avait voulu. Elle y tenait, et je ne lui ai pas refusé ce plaisir, même si je ne suis pas un fervent croyant. Et sorti de l'enfance, je n'ai pas eu trente-six femmes dans la vie : j'en ai eu une et une seule, celle que j'ai épousée, ma Gaby.

Nous nous sommes rencontrés quand elle avait quinze ans, et moi dix-huit. Comme on le voit, ni l'un ni l'autre n'étions majeurs. Nous n'étions pas vraiment autonomes, d'ailleurs. J'avais un emploi à l'agence touloise de la Société Générale, mais je versais l'intégralité de mon salaire, ou presque, à ma mère. Toujours l'autorité du despote… Gaby aussi travaillait avec sa mère, qui cultivait des jardins maraîchers dont elle vendait la production au marché.

Je me souviens encore de la charrette en bois, à laquelle était attelée « Isabelle », la jument dont l'entretien incombait à Gaby. Gaby s'y était d'ailleurs attachée au point d'en pleurer le jour où elle est morte.

Gaby est devenue ma première femme, et moi son premier homme. Excepté les séparations dues aux combats, nous ne nous sommes pas quittés depuis et je dois dire que nous avons en commun un sacré lot de souvenirs.

Je repense souvent à nos moments passés en cachette à l'hôtel de l'Europe, près de la gare de Toul. La bâtisse existe encore d'ailleurs, bien qu'entièrement restaurée. C'est dans cet hôtel, le plus grand de la ville, qu'un copain réceptionniste nous laissait abriter notre tout jeune amour.

À l'époque, évidemment, cela ne se faisait pas.

De nos jours, et depuis déjà une vingtaine d'années, ou presque, les jeunes ne font l'amour qu'avec des préservatifs. Nous ne connaissions pas ce genre d'usages. Bien sûr, les préservatifs existaient, mais ils étaient réservés aux militaires qui servaient dans la Coloniale, où les risques de maladies vénériennes étaient grands ; ou encore à ceux qui fréquentaient les demoiselles de petite vertu, autre vecteur très important de contagion.

Si sa mère était au courant de nos escapades, la mienne n'en a jamais rien su. Et pour cause. Après le portrait que j'en ai tracé, on se doute bien que ces confidences n'auraient pas vraiment été de son goût. Je ne peux pas m'empêcher de me demander, d'ailleurs, avec plus d'un demi-siècle de recul, quelle aurait été sa réaction. Pour mieux apprécier la situation, il faut se remémorer le climat moral de l'époque. Après tout, l'avortement n'est devenu légal en France qu'en 1975, c'est-à-dire hier, ou presque, quand on a mon âge.

Le dernier souvenir commun que nous ayons Gaby et moi remonte, lui aussi, à notre mariage. Il fera mieux comprendre ce qu'est ma conception du combat.

Je l'ai déjà dit, nous nous sommes mariés en pleine occupation et Gaby m'épatait déjà. Pour me rejoindre à Nice, elle a quitté Toul clandestinement, au nez et à la barbe des Allemands, en passant par le Jura.

Même chose au retour. Cette fois, c'est dans un wagon de marchandises, et toujours clandestinement, que Gaby a rejoint la Lorraine, alors que l'occupant se pavanait sur les quais de la gare.

Aussi, aujourd'hui encore et jusqu'à mon dernier souffle, je répéterai à Gaby toute l'expression de mon amour et de mon admiration, elle qui a toujours su partager mes valeurs et ma conception de la vie.

ÉPILOGUE

Depuis ma naissance, à Toul, voilà presque un siècle, j'ai connu bien des changements. Bien des innovations révolutionnaires, issues d'un progrès technique qui va s'accélérant.

Enfant, je n'aurais jamais pu imaginer l'apparition, puis le développement, de l'informatique, d'Internet ou du téléphone portable, pour prendre trois exemples significatifs qui créent entre les générations une sorte de fossé. À présent, il y a « ceux qui savent », c'est-à-dire sinon les jeunes du moins les plus jeunes, disons jusqu'à la soixantaine, et les autres. Les autres, qui restent étrangers aux possibilités d'un monde qui n'est plus le leur, qu'ils ne maîtrisent plus dans toute sa richesse et toute sa diversité, où leurs repères ont singulièrement rétrécis.

Un autre domaine dans lequel les progrès ont été fulgurants, durant ces décennies décisives, c'est la médecine.

Je suis d'une époque où la pénicilline n'avait pas encore fait son apparition, où les antibiotiques étaient inconnus. Pour ne pas parler de la chirurgie, qui était alors presque inconnue dans mon enfance. Consulter un médecin avait quelque chose d'un rituel sacré. D'ailleurs, le plus souvent, c'est le médecin qui se rendait au domicile de ses patients. On l'appelait « docteur », avec un respect qui n'était pas feint. On lui prêtait des pouvoirs qui relevaient presque de la magie et on attendait son diagnostic comme un oracle.

L'acte médical ne s'était pas encore banalisé et on ne consommait pas de la médecine, comme on le fait de nos jours. Les maladies qui à cette époque ravageaient les populations ont été par la suite oubliées. On a cru qu'elles avaient disparu de nos sociétés, qu'on les avait éradiquées. Je pense notamment à la tuberculose, véritable fléau dans l'entre-deux-guerres, qui a fait son retour dans les foyers européens aujourd'hui.

La tuberculose est un peu pour moi, du point de vue sanitaire, le symbole du siècle que j'ai traversé : une calamité, contre laquelle de nombreuses générations successives ont lutté de toutes leurs forces.

Dans l'euphorie des progrès tous azimuts accomplis au lendemain de la victoire de 1945, de bonne foi, on a cru cette affection définitivement vaincue, du moins en Europe. Et puis… Et puis un jour le réveil a été brutal.

Dans des sociétés surmédicalisées, où l'accès aux soins n'a jamais été aussi large ni aussi systématique, voilà que cette sorte de peste du XIXe siècle redressait la tête, dans un pays comme la France, l'un de ceux dont la médecine jouit de la réputation la plus flatteuse à l'échelle mondiale.

Une « nouvelle maladie », le sida, n'avait pas encore eu l'occasion d'exercer ses ravages, en réintroduisant une « ancienne maladie », la tuberculose, qui rappelait pour nos concitoyens soit *La Dame aux camélias*, soit la misère des taudis ouvriers des banlieues industrielles.

Ce constat est riche d'enseignement : rien n'est jamais acquis, tout se gagne, en faisant ses preuves chaque jour. Ne jamais s'endormir sur des lauriers toujours fragiles et ne jamais tenir pour définitives des évolutions qui, le plus souvent, ne sont que passagères.

Autre symbole, pour moi, de ce siècle que j'ai pu observer en acteur autant qu'en témoin : l'environnement.

Pendant longtemps, dans ma jeunesse du moins, on pensait que l'eau pure des rivières, l'air vivifiant de nos campagnes seraient éternels. Puis, au fil des décennies, on s'est aperçu que le progrès technique, celui-là même qui nous permettait de vivre mieux, du point de vue matériel, et de maîtriser la nature dans ce qu'elle peut avoir de dangereux et d'imprévisible, détruisait le monde qui nous entoure et sans lequel nous ne sommes rien.

Si nous voulions pouvoir continuer à respirer et à boire, il faudrait impérativement accepter des limitations à notre progrès économique, à notre consommation, à notre modèle de croissance. Terrible enseignement !

À force d'épuiser les ressources d'une terre nourricière pour notre seul profit économique, se profile à présent le risque qu'il n'y ait plus de terre, ou alors qu'elle devienne invivable pour l'espèce humaine.

Me viennent à l'esprit les dangers qui nous guettent comme la disparition de la couche d'ozone, le réchauffement climatique, les cyclones et ouragans d'une violence jamais connue jusqu'alors.

La nature se fâche et se révolte contre l'esclavage dans lequel l'homme a cru pouvoir la tenir.

Du point de vue social, je ne reviendrai pas sur les changements que j'ai pu noter tout au long des chapitres précédents. Mais, sur ce sujet aussi, le bilan de ce siècle est en demiteinte.

Si j'ai pu accomplir une telle carrière, que je peux qualifier d'exceptionnelle pour un homme de mon milieu d'origine, c'est parce que la France de cette époque était un pays homogène où la promotion sociale restait possible, pour peu qu'on le veuille vraiment et que l'on s'en donne les moyens.

Ce n'est plus le cas à présent, j'en ai peur.

Quel avenir professionnel pour les jeunes des banlieues? Ils n'ont pas accès aux valeurs de notre pays, parce qu'on ne les leur a jamais enseignées: leurs familles n'ont pas su le faire, parce qu'elles viennent d'Algérie, du Mali, du Cap-Vert ou du Sénégal, mais le plus grave est que l'école non plus n'y est pas parvenue. Parce que cette dernière a renoncé à jouer son rôle d'assimilation et d'intégration, au profit d'un mirage qui va à l'encontre des vrais intérêts de ces jeunes. Car l'immigration n'enrichit un pays que si les nouveaux arrivants acceptent les règles du jeu fixées par le peuple qui a vocation à les assimiler.

Si un immigré a, bien entendu, des droits, il a aussi des devoirs et l'immigré qui ne veut pas s'intégrer à la culture de son pays d'accueil ne fait que scier la branche sur laquelle, pourtant, il veut s'asseoir.

Voilà pourquoi l'immigration récente, celle, disons, des quarante dernières années, est pour moi problématique. Pas pour la diversité ethnique qu'elle entraîne. Je n'ai jamais rêvé d'une France toute «blanche», et j'ai trop connu dans l'armée la diversité de populations pour que ce brassage me dérange.

Mais cette «nouvelle» vague d'immigration refuse, du moins pour beaucoup de ses membres, d'abandonner sa culture d'origine pour s'insérer pleinement dans notre communauté nationale et s'approprier l'identité française.

La laïcité par exemple.

Car lorsque j'écris ces lignes, il devient de plus en plus évident que certains musulmans intégristes « de France » souhaitent, au besoin par la violence, imposer à notre pays une religion totalement étrangère à sa culture et à son histoire.

Je n'exige pas la conversion des immigrés musulmans au christianisme, bien sûr ! Mais je leur demande d'abandonner les pratiques de leur religion qui sont incompatibles avec les lois de la République. Sans cela, nous courons tous à la catastrophe : à grands pas vers la fin de la nation française, tout simplement.

Ce que je viens de noter pour la France est également vrai à l'échelle de l'Europe.

Notre continent fait figure d'eldorado pour les pauvres du monde entier. Mais allez faire comprendre que ce n'est pas le cas à quelqu'un pour qui manger tous les jours constitue un problème...

Alors la construction européenne, je suis pour, mais avec des réserves tout de même.

L'élargissement oui, mais jusqu'où ?

Je crois qu'il faut conserver à l'Union européenne une triple homogénéité : géographique, économique et culturelle.

Géographique : seules les nations européennes ont vocation à devenir membres de l'Union du même nom.

Économique : l'Europe ne peut fonctionner correctement qu'avec des pays au niveau de développement économique comparable. Voilà pourquoi je m'inquiète de la candidature de pays comme la Roumanie et la Bulgarie. Et pourquoi pas l'Albanie, tant qu'on y est ? Ce déséquilibre aurait pour effet de nous tirer vers le bas.

Culturelle : l'identité européenne existe, c'est un fait, fruit d'une histoire de plusieurs siècles. Mais la Turquie, là encore, ne fait pas partie de l'univers culturel européen, dont le christianisme est l'une des données fondamentales.

L'Europe, pour moi, doit être une union d'États souverains qui conservent entre leurs mains la maîtrise de leur destin. Il ne saurait être question de déléguer à des institutions étrangères des pouvoirs autres que ceux dont elles disposent déjà, pouvoirs qui sont considérables et au-delà desquels la souveraineté des États membres ne serait plus qu'une fiction.

Cette évolution, réclamée par certains, est d'autant moins souhaitable que l'Europe fait déjà figure de pomme de discorde dans notre pays.

Comment ne pas se souvenir des divisions entre partis politiques français au moment de la campagne sur le référendum européen de mai 2005 ? Au sein des mêmes familles politiques les partisans du oui et du non s'entre-déchiraient.

Le PS, mais aussi les Verts, ont failli imploser. Les dégâts ont été moindres au sein de l'UMP, même si, dans cette formation également, les avis étaient divergents.

L'unité nationale manque à notre pays, unité sans laquelle il ne pourra pas se relever de la ruine morale dans laquelle il s'est enlisé.

La démission est allée trop loin, dans tous les domaines, pour que la France n'ait pas besoin d'un choc salvateur, susceptible de lui permettre de retrouver sa vraie vocation.

Et cette vocation, ce ne sont ni les 35 heures ni les grèves à répétition dans les services publics qui l'encourageront.

La vocation de la France, c'est de défendre sans relâche, partout chez elle et dans le monde, un certain nombre de valeurs, dont celles qui forment sa devise : la liberté, l'égalité et la fraternité.

Dite de cette manière, cette affirmation pourrait passer pour un peu naïve. C'est pourtant ce que je crois sincèrement, avec tout le cœur et l'engagement dont je suis capable. C'est cela, la France, ou ce n'est rien.

C'est cela, en tout cas, ma France.

Je reviens sur ma consternation le soir du deuxième tour de l'élection présidentielle de 2002, lorsque j'ai vu une cohorte de jeunes des banlieues, issus de l'immigration maghrébine, brandir et agiter fièrement, place de la République, devant le couple Chirac, des drapeaux algérien et marocain.

Je reviens sur cet événement car cette image, en quelque sorte, résume tout. L'oubli du patriotisme et la disparition de l'identité française. Le danger que fait peser sur l'avenir de notre pays le refus de s'intégrer de millions d'immigrés, ou de leur progéniture. La perte de prestige moral d'une fonction dont le titulaire devrait pourtant être au-dessus de tout soupçon. Et aussi, bien sûr, la confusion des valeurs dans un pays qui va à vau-l'eau, que plus rien ne structure de manière cohérente, qui semble ne plus avoir d'avenir en tant que nation.

Je reviens également sur l'ascendant que prend, chaque jour un peu plus, l'islam dans notre pays, mais surtout l'islamisme. Qui aurait pu prévoir cela dans ma jeunesse ? Qui aurait imaginé le bouleversement de notre nation ?

La nation est, pour moi, une idée essentielle, fondatrice dans la vie en commun d'un pays. On bâtit un État à partir d'un sentiment national, partagé par les habitants du pays considéré.

L'existence et le développement d'une société civile doivent naître de l'initiative de chaque individu qui la compose.

Même et surtout quand il s'agit d'une population immigrée qui n'est venue en France que pour les valeurs qu'elle représente.

Quant à notre regard sur l'extérieur, sur les nations étrangères, il nous faut faire preuve de la plus extrême fermeté et ne pas nous coucher devant des Bouteflika, pas plus que devant des ayatollahs qui ne pensent actuellement qu'à une chose : se procurer l'arme nucléaire.

Prisonniers de nos valeurs démocratiques, sans doute réagirons-nous quand il sera trop tard, quand l'Iran aura pu développer la « bombe islamique », dont tous les pays musulmans rêvent depuis quarante ou cinquante ans, sous le prétexte qu'Israël en est doté.

Ma vision de la France peut paraître pessimiste.

Pourtant, je ne fonde qu'un seul espoir, celui de me tromper, car notre pays a su se relever de situations les plus désespérées. Ce sauvetage a été dû à des hommes exceptionnels qui ont été appelés par les nécessités et par le peuple.

Gageons que l'homme providentiel, le sauveur dont nous avons absolument besoin, surgisse et rétablisse la grandeur de la France.

Moi, je reste disponible, disponible pour un modeste poste de secrétaire d'État au ministère des Français à la dérive !

Ma vie aura été un éternel combat, ce qu'elle est chaque jour pour chacun d'entre nous. J'ai mené ce combat pour notre patrie, pour son rayonnement, son esprit.

Parti seul et de trois fois rien, j'ai l'impression d'avoir été téléguidé par une force qui m'a poussé toujours vers l'avant, pour un destin que personne ne pouvait prévoir.

J'ai eu la chance d'être entouré d'hommes exceptionnels, qu'ils soient paras, coloniaux, jeunes appelés, tous toujours unis vers un seul et même but.

Avec eux, j'ai franchi des étapes que jamais je n'aurais imaginées, jusqu'à cette gloire qui s'étale de mon vivant dans les rues.

Qui m'aurait dit qu'un jour j'aurais, à mon nom, ces deux avenues Bigeard, ces deux rues, cette place, ce rond-point ?

Mes combats, mes captivités, mes évasions ont bâti une vie que j'ai toujours voulue exemplaire.

Alors pour moi, ce livre est un peu comme cette dernière seconde de la vie où on repasse en flash tout son parcours, comme un film en accéléré.

Je me retourne sur mon passé et peux dire fièrement, comme le chantait la môme Piaf, «*Non, rien de rien, non je ne regrette rien*».

Si c'était à refaire, je referais tout, de la même manière et pourrais ainsi me retirer la tête haute.

Dans ma maison de Toul, je suis à la fois au point de départ et au point d'arrivée.

J'y garde, intactes, la mémoire de mes origines, comme la volonté de témoigner sur ma vie entière que j'ai consacrée à mon pays, à ma France.

À 90 ans, je ne saute plus en parachute et le jogging au réveil a tenu bon jusqu'à mes 84 ans. Mais la force et le dynamisme que j'avais dans les mollets, et dans ma vieille carcasse que je croyais increvable, sont remontés dans mon crâne qui bouillonne sans cesse, au risque d'exploser.

Général Bigeard

Je repense souvent à une devise que j'épouse pleinement :

Tant que l'on vit comme l'on pense,
On évite de penser comme l'on vit !

Oui, je vis à Toul, mais sans y être vraiment. Je vis aussi avec ceux laissés sur la *Piste sans Fin*, celle sur laquelle j'écrivais en 1956… il y a cinquante ans :

Piste sans fin qui ramènera au point de départ ceux qui ont duré et qui, usés et vieillis, retrouveront leurs villages… ceux-là ne pardonneront jamais à la piste de les avoir protégés, car elle les aura rejetés à la pauvre vie de tous les jours, comme une maîtresse aimée et infidèle.

Cette fin, je l'appréhendais.

Raison pour laquelle j'ai vécu et vis toujours à 3 000 tours, ignorant les samedis, les dimanches et les vacances.

L'amour que j'ai pour ma patrie et l'amour que m'ont donné mes hommes m'ont aidé à m'élever, à me grandir.

C'est pourquoi je tente encore, avec ce livre, de réveiller notre cher pays qui a perdu sa flamme.

Un pas, encore un pas… jusqu'au bout, en espérant avoir la force de murmurer : Adieu, ma France.

TABLE DES MATIÈRES

• • • SAGIM • CANALE • • •

Achevé d'imprimer en mars 2006
sur rotative Variquik
à Courtry (77181)

Imprimé en France

Dépôt légal : janvier 2006
N° d'impression : 9215

L'imprimerie Sagim-Canale est titulaire de la marque
Imprim'vert® 2005